만화로 보는
성sex의
역사

Sex Story by Philippe Brenot and Laëtitia Coryn

Copyright ⓒ Éditions des Arènes, Paris, 2016
Korean translation rights ⓒ 2017 by DARUN Publisher
This Korean edition is published by arrangement with Les Éditions des Arènes through AMO Agency.

이 책의 한국어판 저작권은 AMO에이전시를 통해 저작권자와 독점 계약한 다른출판사에 있습니다.
저작권법에 의해 한국 내에서 보호를 받는 저작물이므로 무단 전재와 무단 복제를 금합니다.

만화로 보는
성sex의 역사

'섹스'에 관한 과감하고도 장대한
인류학적 서사시

필리프 브르노 지음 | 레티시아 코랭 그림 | 이정은 옮김

다른

이 엉뚱한 성의 역사를 책으로 펴내는 환상적인 계획을 흔쾌히 수락해준
로랑 뮐레, 카트린 메예르, 로랑 베카리아에게 각별한 감사를 표합니다.

필리프 브르노

아름다운 채색을 해준 이자벨 르보, 내가 이 책 작업을 하도록 해준 쥘,
나를 지지하고 격려해준 나의 가족, 시댁 식구, 아텔랴, 베르탕,
블레트, 마리옹, 스테판에게 깊이 감사드립니다.

레티시아 코랭

차례

	고이 지켜온 비밀	6
제1장	기원	9
제2장	바빌론, 자유로운 사랑	27
제3장	이집트, 평등 사회	39
제4장	그리스, 사랑의 만신전	53
제5장	로마, 영예와 쇠퇴	73
제6장	중세, 지옥과 천국	87
제7장	르네상스 시대, 화가와 그 모델	105
제8장	저주받은 엠(M)	119
제9장	계몽주의와 억압, 성적 방탕	129
제10장	19세기, 고지식한 사람들과 매춘	147
제11장	20세기, 성해방	165
제12장	미래의 섹스	183
	메모	193
	찾아보기	202
	참고문헌	204
	저자들의 책	207

고이 지켜온 비밀

《만화로 보는 성sex의 역사》는 고이 감추어온 비밀과 잘 알려지지 않은 이야기로 향하는 문을 열어젖혀 이제껏 우리가 잘 알지 못했던 역사를 보여줍니다. 바로 섹스와 사랑의 역사이지요. 우리의 동물적인 섹스가 어떻게 인간적인 섹스가 되었을까요? 최초의 커플은 언제 탄생했을까요? 성적 수치심은 어디에서 오는 걸까요? 에로티시즘은? 인간에게 더없이 중요한 감정인 사랑은? 초기 인류의 성풍속은 어땠을까요? 매춘은 정말로 '세상에서 가장 오래된 직업'일까요? 고대 사람들은 동성애를 허용했을까요? 성기능 장애를 치료하는 최초의 의식은 무엇이었을까요? 어떤 고대 문명이 남녀평등을 찬양했을까요? 람세스 2세는 이집트의 다산에 어떤 방식으로 기여했을까요? 자위는 어째서 금지되었을까요? 학교 교과서에서는 절대로 말해주지 않는 것들입니다. 성풍속이 자유로운 우리 사회에서도 아직 금기하는 내밀한 이야기들이니까요.

클레오파트라가 자신의 근위병들에게 '펠라티오를 하는' 기이한 습성에 대한 이야기를 학술적인 책에서 읽은 적이 있나요? 프리아포스 신이 람프사코스의 여자들과 벌인 일에 대해서는요? 고대 문명의 남근 축제와 디오니소스제, 바쿠스제 이야기는 들어보셨나요? 정조대나 초야권에 대한 이야기는 어떤가요? 선의로 가득한 교양 있는 역사학자라면 섹스와 성적 친밀함이라는 일상적이지만 위험한 주제를 쉽사리 다루지는 못할 겁니다. 이 모든 역사는 틀림없는 사실이지만 대부분 공식적인 역사의 주변부로 밀려나 있지요.

하지만 인간의 내밀한 성행동을 다룬 이 짧은 연대기를 읽으면서 우리는 성풍속의 놀라운 변화 과정을 더 잘 이해하게 됩니다. 인간은 바로 이런 변화를 거쳐 가족과 사회 질서를 만들고 종교로 뒷받침되던 삶에서 오늘날의 도덕적 자유를 누리는 삶에 이르게 되었지요.

역사 교과서는 유명한 인물들의 성적 측면을 다루지 않습니다. 하지만 이 내밀한 이야기를 통해 우리는 그 사람들에 대해 더욱 잘 알게 되지요. 카사노바나 사드 후작, 슈발리에 데옹, 프랑스 총재정부 시대의 성적으로 자유분방한 여성들의 이야기가 교과서에 나오나요? 클레오파트라의 기이한 행동에 대해서 들어본 적이 있나요? 앙리 4세나 루이 15세의 과다 성욕에 대해서는요? 빅토리아 여왕의 에로티시즘과 그녀의 남편인 앨버트 공의 성기 피어싱에 대해서는 들어보셨나요? 미켈란젤로나 레오다르도 다빈치, 몽테뉴의 동성애 성향은 잘 알려진 이야기이지만 '공식적인' 전기에는 나오지 않습니다. 이 책은 이런 부당함을 바로잡습니다.

끝으로, 잘못된 인식이 은근히 떠돌면서 난처한 질문을 숨기고 있다는 점을 지적하지 않을 수 없습니다. 동성애와 남색의 차이, 남성적 욕구와 여성적 욕망의 차이, 질형 여성과 클리토리스(음핵)형 여성의 차이 등등. 이 책에서는 이러한 궁금증도 풀어줍니다.

제3천년기로 접어든 이 시점에 성은 어디에나 존재하는 것처럼 보입니다. 우리는 성을 아주 쉽게 접하지요. 성을 화면에서 보여주고 미디어에서 다루지만, 역설적이게도 정작 성에 대해 설명하는 일은 거의 없으며 가르치는 일은 더더욱 없습니다. 학교에서는 성에 대한 진정한 교육이 이루어지지 않고 있습니다. 기껏해야 피임과 성병에 관한 정보를 알려줄 뿐이지요. 하지만 내밀한 성관계의 특성과 성행동을 배우는 어려움, 파트너를 존중하며 평등하게 대해야 할 필요성, 성적 지향에 대한 의문을 이해하도록 도와주는 정보는 다루어지지 않습니다. 그리고 그런 정보가 없기 때문에 인터넷과 포르노가 모델로 자리 잡게 되지요. 그것도 아주 강력한 모델로 말입니다.

이 책은 우리가 인간의 내밀한 성에 관한 중요한 사항들을 더욱 잘 이해할 수 있도록 새로운 정보로 향하는 문을 활짝 열어젖힙니다.

필리프 브르노, 레티시아 코랭

일러두기

- 본문의 * 표시는 지은이 주.
- 본문의 † 표시는 옮긴이 주.

제1장
기원

우리 성의 역사는 아주 오래전에 동아프리카 숲속에서 시작됐다. 이 지역에서 우리 인류가 탄생했고, 오늘날에도 우리 사촌인 침팬지가 살고 있다.

200만 년 전에 소규모의 호미니드† 집단이 자기 조상들이 살던 열대우림 바깥으로 과감히 진출하면서 인류의 위대한 모험이 시작됐다. 그들은 물가 근처에 정착했다. 그곳은 오늘날의 차드와 아프리카를 동서로 가르는 리프트밸리, 즉 에티오피아와 짐바브웨 근처다.

† 침팬지, 고릴라 등의 대형 유인원 중에서 인간류로 진화한 종.

이 원시 인류는 우리와 많이 닮았다. 그들은 몸을 일으켜 세우고, 근대 인류처럼 두 발로 걸었다.

그런데 이 모든 게 겨우 수백만 년 사이에 이루어졌지요!

이전 → 이후 →

그들은 우리보다 키가 작았고, 인류의 기원을 연상시키는 특징을 지녔다. 즉 '사람 같은' 윤곽이 보이기 시작한 얼굴을 빼고는 여전히 털북숭이였다.

나, 여자라면 믿겠어요?

네 가지 큰 변화가 나타나면서 인류의 성(性)이 시작되었다.

1. 발정기*가 사라진다.
이제 1년 내내 사랑을 나눌 수 있다!

이전 → 이후 →

*침팬지 암컷의 '분홍색 엉덩이'는 교미 시기를 알리는 표시다. 이 시기를 '발정기'라고 한다.

2. 음경 뼈*가 사라진다.
이제 남자는 버팀목이 없어도 발기할 수 있다. 뼈가 없어도 되는 것이다! 남자의 음경은 더 커졌고 한층 강하고 단단해졌다!

♪ 아아아아아…

*다른 영장류는 발기할 때 음경을 받쳐줄 작은 뼈가 있다.

3. 사랑이라는 감정이 생긴다.
이는 훗날 인류의 대단한 관심사가 된다!

♪ CAN YOU FEEEL ♪ THE LOVE TONiiiGHT…

*낭만적인 분위기를 내려고 일부러 시대에 맞지 않는 노래를 인용했다. 당연히 엘튼 존은 그 시대에 태어나지 않았다.

4. 하지만 수컷의 지배와 암컷의 노예화가 생겨 오늘날까지 인류에 깊은 흔적을 남긴다.*

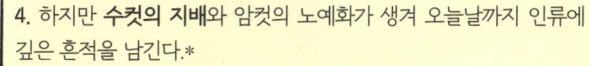

알았어! 넓적다리 가져가면 되잖아!

이거 처음부터 싹수가 노랗군!

*다른 영장류에게는 수컷이 암컷을 지배하는 현상이 전혀 보이지 않으며, 상호작용도 거의 없다. 암컷과 수컷은 공존하는 서로 다른 두 세계다.

호모 하빌리스 여자*
(200만 년 전)

몸에서 털이 점점 사라지고 머리털이 도드라진다. 점차 헤어스타일도 나타난다!

'육감적인' 입술, 그리고 당연히 키스가 생긴다!

젖가슴의 에로틱한 기능(다른 영장류의 암컷은 항상 불룩하게 부푼 젖가슴이 없다.)

여자의 성기가 몸속에 자리 잡아 겉에서는 보이지 않는다.

손의 형태가 변해서 엄지를 다른 손가락과 맞댈 수 있게 된다. 이제는 손으로 도구를 다룰 수 있다.

몸을 일으켜 세움에 따라 질이 기울면서 길고 깊어진다.

이전

이후

*여기서는 간단히 설명하기 위해 이 모든 변화가 호모 하빌리스에게서 나타났다고 했다. 하지만 이 변화 중 일부는 호모 에르가스테르(220만~100만 년 전)와 호모 하빌리스(250만~150만 년 전), 호모 에렉투스(180만~20만 년 전)를 거치며 점진적으로 나타났다. 호모 하빌리스는 최초의 진정한 인류다.

호모 하빌리스 남자
(200만 년 전)

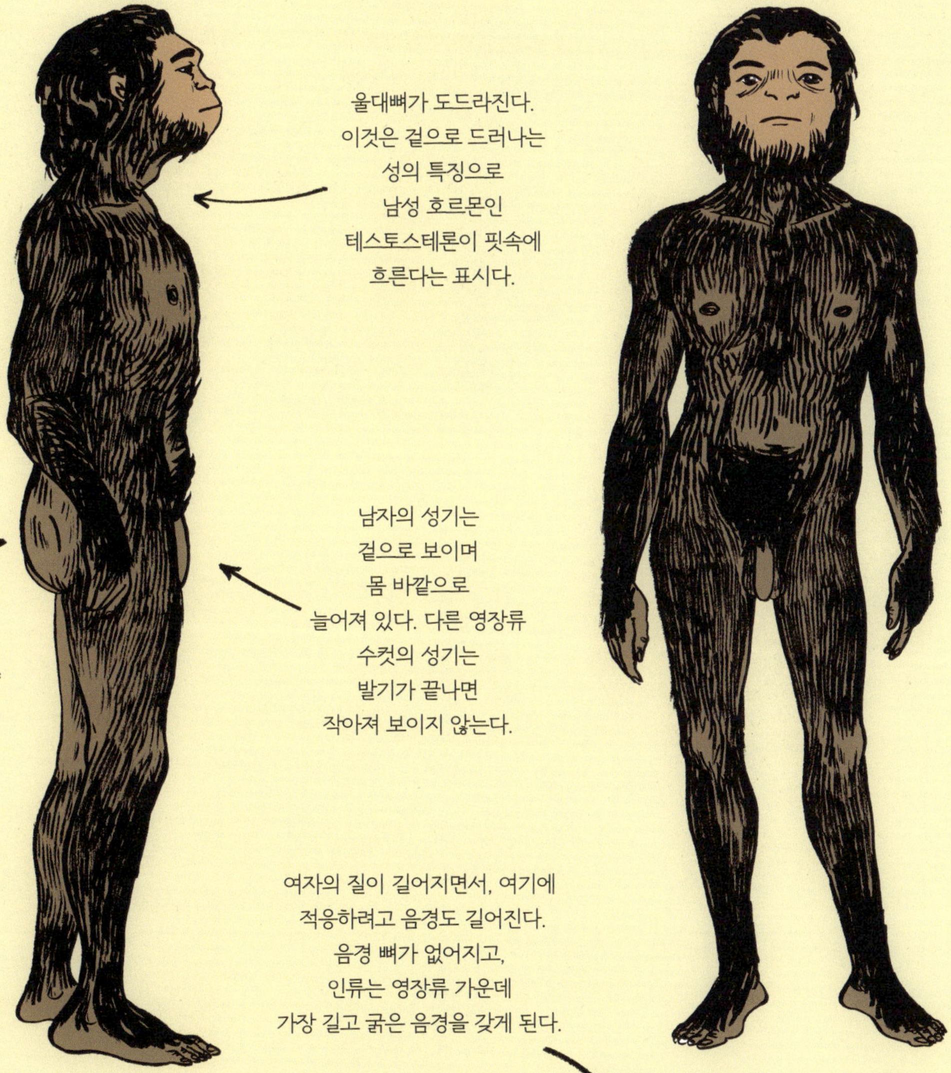

울대뼈가 도드라진다. 이것은 겉으로 드러나는 성의 특징으로 남성 호르몬인 테스토스테론이 핏속에 흐른다는 표시다.

엉덩이는 인간의 고유한 특징으로 성감대이기도 하다.*

남자의 성기는 겉으로 보이며 몸 바깥으로 늘어져 있다. 다른 영장류 수컷의 성기는 발기가 끝나면 작아져 보이지 않는다.

여자의 질이 길어지면서, 여기에 적응하려고 음경도 길어진다. 음경 뼈가 없어지고, 인류는 영장류 가운데 가장 길고 굵은 음경을 갖게 된다.

이전

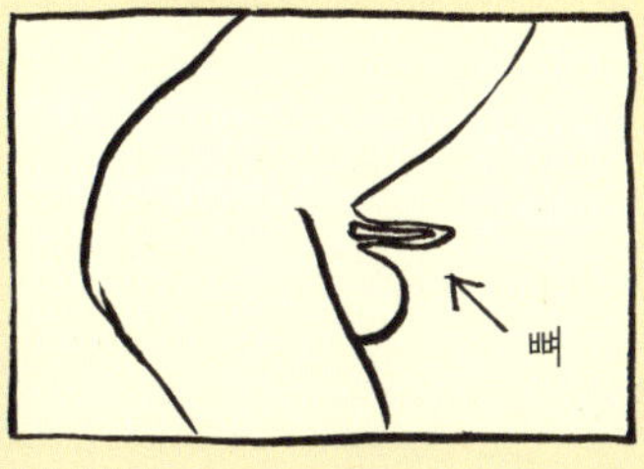

이후

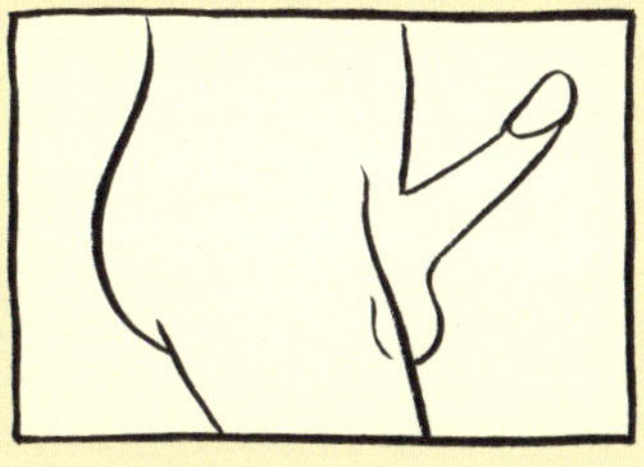

뼈

*원숭이는 엉덩이가 따로 없다. 인간은 직립보행을 하면서 엉덩이 근육이 발달하고 형태도 동그스름하게 튀어나온다. 엉덩이는 오늘날 남녀 모두에게 성적으로 가장 매력적인 신체 부위다.

우리는 소규모 호미니드 집단을 따라가 볼 것이다. 이제 막 탄생한 인류의 특징과 생활 방식, 내밀한 삶과 성생활에 대해 알게 될 것이다.

- 우우 40세, 나이 든 암컷
- 소호 25세, 세 번째 암컷
- 노아 20세, 소오를 사랑함
- 히고 40세, 지배 수컷
- 야와 30세, 지배 암컷
- 소오 15세, 이미 아이가 있지만 노아를 사랑함
- 진 30세, 두 번째 수컷

이 집단은 열대 초원 지대에서 귀한 식물의 열매와 뿌리를 채집하는 데 열중했다. 진과 노아는 작은 포유동물을 사냥했다.

적대적인 환경인 열대 초원에는 하이에나와 고양잇과 동물, 물가에 사는 악어 같은 여러 포식 동물이 있다.

이 원시 인류는 경계심이 많았다. 두려운 경쟁자인 다른 호미니드 집단이 가까이 있기 때문이었다.

새로 탄생한 인류는 점차 달리는 데 익숙해졌다. 숲 생활에 적합한 몸의 털이 사라지고, 그 대신 땀샘이 생겨 땀을 흘려 체온을 조절한다. 데스몬드 모리스는 인간을 '벌거벗은 원숭이'라고 불렀다.

노아는 다리 사이에 늘어져 있는 이 '거시기'가 거추장스러워서 칡덩굴로 질빵을 만든다. 이것이 바로 최초의 성기 가리개다. 이렇게 **의복**이 만들어졌다.

평등한 이 최초의 사회에는 세 가지 중요한 규칙이 있다.

첫 번째 규칙: **기회주의**. 가령 죽은 고기를 발견했을 때….

두 번째 규칙: **나눔**.

집단의 어린 구성원을 돌보기 위해 수컷들이 서로 협력한다.

세 번째 규칙: **지배**. 지배 수컷인 히고가 가장 먼저 음식을 먹는다. 왜냐하면 가장 강하기 때문이다. 근육의 힘으로 음식을 먹는 순서뿐 아니라…

섹스 순서도 결정된다!

인류의 모험이 진행되는 내내 집단과 가족의 일에 사랑이 끼어들려 한다. 하지만 대체로 집단의 이익이 더 강하게 작용한다. 다행히 감정은 역경보다 강하고, 사랑하는 연인들은 역경에 굴복하지 않는다.

소오는 노아에게 되돌아온다.

둘은 서로를 바라보고 만지고 애무한다. **애정 표현**이 생겨나는 순간이다.

그들은 으슥한 곳으로 간다.

그리고 처음으로 사랑을 나눈다.

인류 섹스의 새로운 점: 모두가 보는 데서 교미하는 다른 영장류와 달리, 연인은 사랑을 나누기 위해 숨는다. 그들은 남이 보지 않는 곳에서 섹스를 한다. 성적 수치심이 탄생했다.

인류가 **사랑을 발견하는 순간**이다. 인간을 서로 강하게 맺어주는 감정인 사랑을 말이다.

사랑은 인류의 특징이다.

성경과 인류의 기원

각 문화에서는 세상이 유래한 역사를 이야기로 만들어 경전에 기록했다. 세상이 어떻게 생겨났고 사회를 어떻게 조직했는지 설명하는 이 이야기에는 사람들이 지켜야 할 삶의 규칙이 담겨 있다. 주요한 세 일신교(유대교, 기독교, 이슬람교)에서는 창세기에 이 이야기를 담았는데, 요약해보면 이렇다.

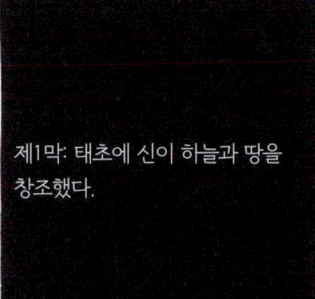

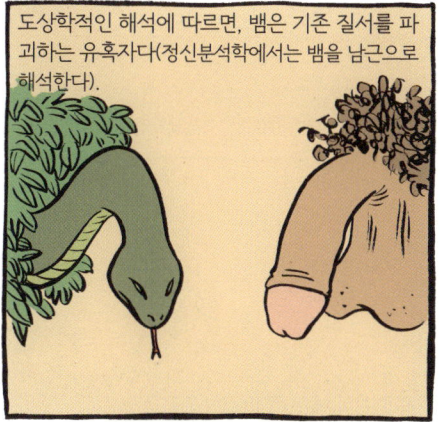

이 이야기가 전하는 메시지는 무엇인가?

상징적으로 해석하면, 이 이야기는 자연에서 문화로의 이행, 의식과 금기, 죄책감이 생겨남을 뜻한다. 벌거벗은 자신의 모습을 깨닫는 것은 인류의 시작을 알리는 것처럼 보인다. 인간의 특징인 성적 수치심이 생긴 것이다.

뱀이 이브를 유혹해 금단의 열매를 먹게 한 것은 최초의 계약 위반, 최초의 간통이다. 섹스에 눈뜬 이 원죄로부터 성에 대한 모든 금기가 생겨난다.

이브가 카인을 낳았다고 하고, 카인은 아담의 아들이 아니라고 명시되어 있다.

그러므로 카인은 뱀의 아들일 수밖에 없다. 따라서 간통으로 낳은 자식인 것이다!

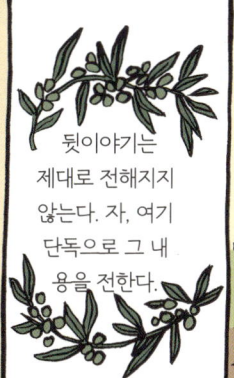

뒷이야기는 제대로 전해지지 않는다. 자, 여기 단독으로 그 내용을 전한다.

이브는 두 아들을 낳았다. 카인은 농부였고, 아벨은 목동이었다.

카인은 질투심 때문에 아벨을 죽인다.

신은 그 벌로 카인을 방랑의 길로 몰아낸다.

카인은 아내를 얻는다. 그런데 그 여자는 자기 어머니일 수밖에 없다. 다른 사람이라고는 아담과 이브밖에 없었기 때문이다!

유대교 전승에 따르면, 아담과 이브는 열세 명의 아들과 스물세 명의 딸을 낳았다. 인류는 이렇게 두 사람의 성교로 태어났다.

우리는 이런 결론을 내릴 수밖에 없다. 태초에 근친상간이 있었다고….

이제 유럽의 서쪽 끄트머리, 프랑스 남서부의 베제르 계곡으로 가보자. 그곳에는 네안데르탈인이 사라지고 크로마뇽인이 살고 있었다. 때는 기원전 2만 년 전, 마지막 빙하기다. 기후는 몹시 혹독했다.

인류는 진화해서 조직된 무리를 이루어 이동하고, 발음이 분명한 언어를 말했다(그런 지 벌써 10만 년도 더 됐다).

그들은 석회암 절벽 아래 은신처에서 살았고…

죽은 사람을 매장했다.

남자와 여자는 사냥하고 채집하고 도구를 깎아 만드는 공동생활을 했다. 그들은 보석과 장신구, 머리 장식을 착용했다. 패션이 생긴 것이다.

남자들은 위대한 신비에 골몰했다.

그들은 동굴을 탐험한다. 동굴은 텅 빈 습한 공간, 창자 같은 비좁은 통로, 자궁의 은유다.

출산의 신비는 빙하기 우리 조상들의 갓 탄생한 무의식에 자리 잡는다.

남자들은 아기가 나오는 그 신비한 여성의 신체 부위를 묘사한다.

그들은 다산의 상징인 어머니-여자와 여자의 성기를 묘사한다. 남근은 거의 표현하지 않는다.

심지어 이에 대한 의식도 치른다.

주술사는 남근 상징물을 들고 작은 여자 조각상 주위를 돌며 춤을 춘다.

지금으로부터 1만 5000년 전. 조금 더 남쪽, 오늘날 프랑스 타른 지방에 있는 마들렌 동굴로 가본다.

이곳 남자들은 여자의 성기에 매료되어 있다. 그들은 여자의 성기를 무수히 표현한다.

그들은 자신의 마음을 사로잡고 아이를 만들어내는 여자의 몸을 보며 감탄한다.

그리고 자신들의 동반자인 여자가 불러일으키는 매력을 바위에 새긴다. 이때 이미 아름다움에 대한 개념이 존재했음이 틀림없다. 그림으로 표현한 최초의 아름다움은 분명히 여성의 모습이었으리라.

바빌론에서는 자유로운 사랑이 문명의 가치로 여겨지므로 노아한테는 무슨 일이든 할 권리가 있다. 아내는 남편의 소유물이다. 애인을 몇 명 거느린 노아는 원하는 여자와 맘대로 섹스를 할 수 있다.

아가씨들, 미안한데 나한테 시간이 몇 분밖에 없어.

결혼한 여자는 베일을 쓴 반면, 매춘부는 머리에 아무것도 쓰지 않는다. 매춘부가 정숙한 여자의 모습을 하는 것은 금지되어 있기 때문이다.

노아는 매춘부와 즐거운 시간을 보낸 다음, 화류계 여자 둘과 함께 선술집으로 들어간다. 이곳에서는 맥주가 넘쳐흐르며, 사랑이 매우 자유롭다. 연인들은 뒤엉켜 사랑을 나눈다.

노아는 선술집 한구석에서 매춘부와 항문 성교를 한다. 그동안 매춘부는 아무렇지 않게 빨대로 맥주를 홀짝거린다.*

*어떤 서기가 기록으로 남긴 실제 장면이다!

당시 서기들은 진정한 현장 리포터였다!

바빌론에서 동성애는 용납되지만 드문 편이다. 남자 동성애자는 대체로 여성적이고 수동적인 성향을 띤다. 그는 아무런 처벌도 받지 않는다.

매춘부는 펠라티오를 할 때 고객의 성기에 꿀을 바른다. 맛을 좋게 하려고 말이다!

빵처럼 꿀 좀 바를게. 괜찮지?

깨물지만 말아줘.

소오는 착한 아내다. 남편에게 순종하며 자녀 양육에 전념한다. 그녀는 여자들과 함께 규방에서 지낸다.

하지만 남편을 무척 사랑하는 소오는 질투심을 느낀다. 그래서 젊은 남편을 자극하기 위해 다른 남자를 유혹한다.

노아가 눈치채고 아내에게 큰 소리로 훈계한다.

바빌론은 사랑이 자유롭지만(근친상간과 간통만 처벌한다) 여성에게는 제약이 많고 자유가 거의 없는 사회다.

봄 축제

때는 3월 초, 조금 더 남쪽에 있는 에리두†의 이슈타르 신전이다. 이곳에서는 새해맞이 축제가 한창이다.

사람들은 봄이 돌아와 자연이 되살아나는 것을 축하했다.

신전 주위에는 매춘부들이 가득하다. 긴 곱슬머리가 특징인 매춘부들은 지나가는 사람들에게 추파를 던진다. 이곳에서도 사랑은 자유롭다. 남자들은 모든 것을 할 권리가 있었다.

봄의 이 시기(새해)에는 매일 종교 의식이 벌어졌다.

† 고대 수메르의 도시국가.

의식 도중에 양 여러 마리를 제물로 바친다.

가수와 무희, 희극 배우와 여장 남자, 양성구유자†들은 '하늘의 귀부인' 이슈타르를 기쁘게 하려고 줄지어 행진한다.

여사제가 판에 새겨진 의식을 위한 시를 낭송한다.

"오 이슈타르여, 사랑을 이루어주소서.
한 남자와 한 여자의 사랑을…
한 여자와 한 남자의 사랑을…."

"그리고 한 남자와 한 남자의 사랑을…."

† 선천적으로 남성과 여성의 성기를 모두 가진 사람.

커다란 홀에 있는 이슈타르 여신의 발밑에 잠자리가 마련되어 있다. 함무라비 왕이 모인 사람들 앞으로 나선다.

어떤 이가 큰 소리로 말한다: '함무라비' 안에는 '사랑'이 있다(라캉, II, 8).

키가 크고 아름다운 여사제가 왕에게 다가온다.

의식에 따라 두 남녀는 끌어안고 사랑을 나눈다.

그동안 이슈타르의 여사제들은 큰 소리로 주문을 읊는다.
"숫염소처럼 발기하라…. 황소보다 강하게…."

모인 사람들은 이성을 잃은 채 이제 막 자연을 일깨워준 왕에게 경의를 표한다. 이것이 바로 이슈타르가 지하세계로 떨어진 일을 되새기는 새해맞이 축제다.

하늘의 귀부인 이슈타르는 지하세계도 지배하고 싶었다. 그래서 철천지원수인 언니 에레슈키갈이 지배하는 지하세계로 간다.

이슈타르는 일곱 개의 문을 통과하는데, 문을 통과할 때마다 몸에 차고 있던 상징물을 하나씩 잃는다.

결국 이슈타르는 벌거벗은 채 에레슈키갈 앞에 선다. 그리고 에레슈키갈은 지하세계의 일곱 판관과 함께 이슈타르에게 사형을 선고한다.

풍요와 사랑의 여신 이슈타르가 사라지자 땅 위에서는 생명과 재생산이 멈추는 대재앙이 벌어진다.

그러자 신들은 겁을 먹고 이슈타르를 되살린다.

돌아와, 이슈타르!

그거 농담이었어!

지하수의 신 엔키

그리하여 해마다 봄이 되면 왕과 여사제가 엔키 신과 이슈타르 여신의 결혼-성교를 재연함으로써 이슈타르가 돌아온 것을 축하한다.

제3장

이집트, 평등 사회

고대 이집트는 수메르와 바빌론처럼 기원전 제3천년기, 나일 강가의 비옥한 땅에서 탄생했다. 이집트는 신왕국(기원전 1500년)에 이르러 전성기를 맞았다.

그러다 알렉산드로스 대왕의 그리스 식민지(기원전 300년), 뒤이어 로마제국(기원전 30년)의 식민지가 되었다.

서구 문명의 어머니인 이집트는 시대를 앞서간 사회였던 것 같다. 일단 남녀평등을 찬양했다.

고마워, 여보.

← 아크나톤   네페르티티 →

피임과 임신 조절 방법을 알고 있었다.

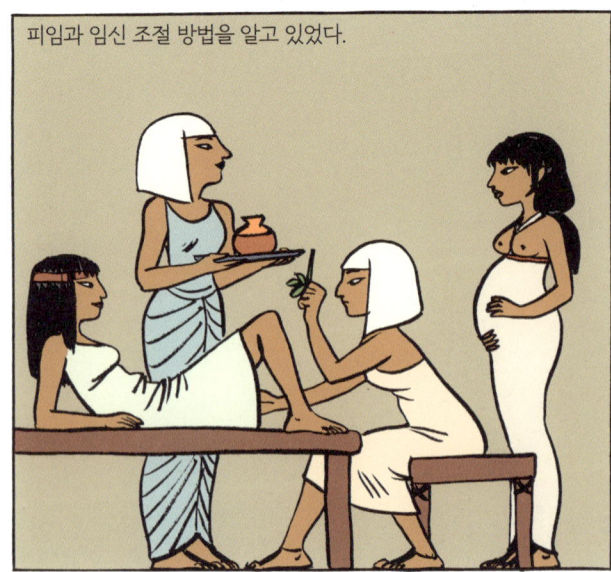

그뿐 아니라 다정한 사랑과 에로티시즘도 존재했다.

태초에 섹스가 있었다
고대 이집트에서 최초의 성행위는 신성한 것이었고, 이로써 세상과 피조물이 생겨났다.

오시리스 이야기와 남근 숭배

아래 이어질 평범한 가족의 이야기에는 누구나 다 아는 유명한 인물들이 등장한다. 이상하게도 신들의 세계에서는 인간에게 금지된 모든 것이 허용된다! 무대 전면에는 게브와 누트의 자식인 이시스와 오시리스 남매가 등장한다. 아주 어렸을 때부터 이들은 서로 장래를 약속한 사이다.

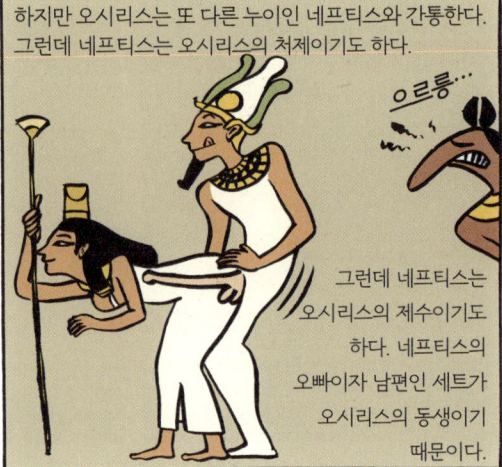

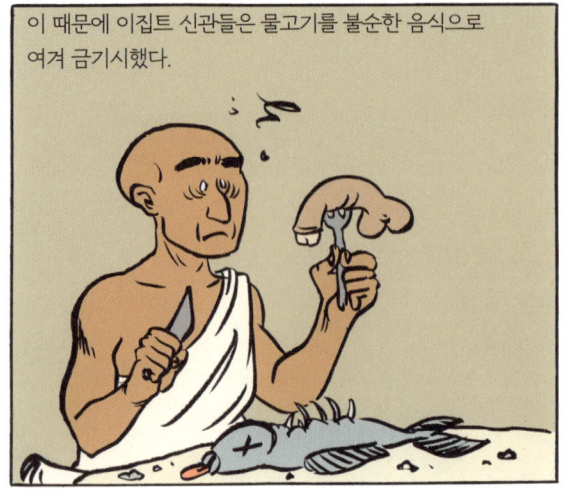

이집트의 전통에 따르면 죽은 사람이 부활하기 위해서는 시신이 온전해야 했다. 그래서 이시스는 오시리스의 시신을 모두 맞추어 가는 붕대로 친친 감싼 다음, 올리브유를 바른 아마포 붕대로 성기 모형을 만들어 시신을 복원한다.

그런 다음 이시스는 무릎을 꿇고 가짜 남근을 자기 입에 넣어 마법의 힘으로 되살리고, 복원된 미라와 성교하여 아들 호루스를 잉태한다.

그리하여 오시리스 남근 숭배가 시작된다. 사람들은 오시리스의 남근을 복원과 부활의 힘을 가진 다산의 상징으로 여겨 온갖 장소에 두었다.

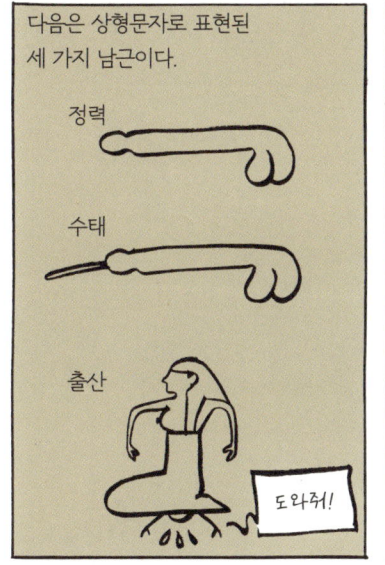

다음은 상형문자로 표현된 세 가지 남근이다.

정력

수태

출산

도와줘!

어떤 신전에서는 보름달이 뜨면 여자들이 오시리스의 조각상을 들고 행진을 했다. 이 조각상에는 커다란 성기가 달려 있었고, 여러 마디로 이루어진 이 성기를 줄로 움직일 수 있었다.

이런 의식을 치르는 이유는 죽은 오시리스의 영혼이 달로 피신했기 때문이다. 그곳에서도 세트는 형을 괴롭히려고 매일 밤 달을 조금씩 깨물어 먹었고, 사람들은 이 때문에 달이 이지러진다고 생각했다.

끄응…

그리고 장례 의식을 치를 때면 애도하는 미망인의 기원을 담아 작은 오벨리스크를 만들었는데, 그 안에는 천과 밀랍으로 고인의 성기 모양을 한 조각상을 넣었다.

저세상에서도 당신하고 섹스할 수 있기를….

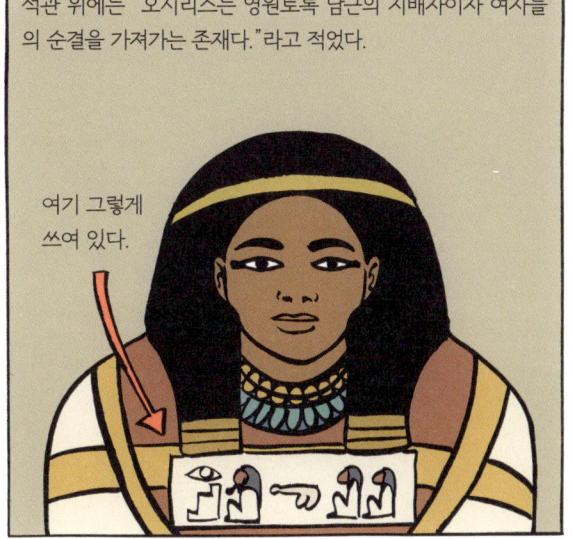

석관 위에는 "오시리스는 영원토록 남근의 지배자이자 여자들의 순결을 가져가는 존재다."라고 적었다.

여기 그렇게 쓰여 있다.

아피스 황소

이집트에서도 결혼한 여성에게 가장 큰 불행은 불임이었다. 이에 대처하는 방법은 오시리스의 남근을 만지거나 아피스 신 앞에서 벌거벗는 것뿐이다.

아피스 신을 상징하는 황소는 멤피스 신전의 사제들에 의해 세심하게 선택된다. 성기의 힘을 기준으로 가장 힘센 황소를 골라 그 머리 위에 하얀 삼각형을 단다.

이 황소를 데리고 나일강을 따라 이집트 전역을 돌며 행진한다. 신성한 배 위에 올라탄 황소를 100명의 사제들이 에워싸고, 강둑에는 군중이 모여 환호한다.

사람들은 황소를 멤피스 신전으로 데리고 간다.

신전에서는 오직 여자들만 황소를 에워싸고 다산의 표시인 자신의 음부를 황소에게 내보이며 춤을 춘다.

그리고 1년에 한 번 황소의 욕정을 만족시키려고 암소를 보낸다. 교미가 끝나면 이 암소를 신에게 희생으로 바친다.

오시리스 숭배와 마찬가지로 이렇게 아피스-오시리스에 대한 남근 숭배가 이루어졌다.

람세스 2세
파라오 중의 파라오

람세스 2세는 오랫동안 이집트를 다스리며 정치, 군사, 법률, 건축 등의 분야에서 방대한 업적을 이루었다. 그는 67년 동안 군림하다 기원전 1213년에 91세의 나이로 세상을 떴다.

누가 대장이지?

이집트는 근동 전역에서 찬란한 빛을 발하며, 아프리카와 아시아까지 영토를 확장하는 정책을 폈다.

때는 기원전 1274년, 람세스 2세가 통치한 지 5년째 되는 해다. 람세스 2세는 갓 서른 살이 되었고, 강력한 군대를 일으켜 오늘날의 레바논에서 시리아의 수도 다마스쿠스 쪽으로 올라갔다. 바로 히타이트인을 상대로 벌인 카데시 전투다.

밤이 되자 장군들은 그날의 전투를 결산했다.

어떻게 이걸 다 세지?

걱정 마. 나한테 방법이 있어.

장군들은 적군의 성기를 전부 잘라 파라오에게 가져왔다. 이것이 죽은 사람의 수를 세는 가장 확실하고 유일한 방법이었던 것이다.

887명? 생각보다 적은데… 확인해보게. 다시 세어 봐.

테베(오늘날의 룩소르)로 돌아와 보자. 도시는 교역과 건축 공사로 시끌벅적하다. 신왕국은 한창 번창하고 있다.

파라오 건축가 코아는 신전 건축을 지휘한다.

임호테프가 말씀하셨소. 돌은 끼워 넣기 전에 정교하게 다듬어야 한다고…

많은 남녀가 그와 함께 일한다. 그들은 돌에 상형문자를 새겨 넣는다.

코아의 아내 사웨르티티는 의사다.

여성에게 영광을!

입술을 붉게 칠한 매춘부들은 임신하지 않기 위해 사웨르티티를 찾아가 진찰을 받는다. 직업 때문에 임신을 하면 안 되니 말이다!

내가 말한 대로 성관계를 갖기 전에 이걸 착용해요.*

*이집트인들은 석류 씨로 만든 작은 피임용 원뿔을 사용했다. 실제로 석류 씨는 피임 효과가 있는 천연 에스트로겐 호르몬을 함유하고 있다.

사웨르티티는 동물 창자로 만든 콘돔을 보여준다.

남자한테 이걸 착용하라고 하세요.

그다음 날 코아와 사웨르티티는 열 살 난 아들의 할례를 준비한다. 전통 할례 의식은 이집트 내의 아프리카 전통에서 생긴 것으로 보인다. 하지만 이집트에서 여성 음핵 절제가 이루어졌는지는 확실하지 않다.

할례는 음경 포피 전체나 일부를 절제하는 시술이다. 이로써 음경의 귀두가 밖으로 드러나게 된다. 고대부터 이루어진 이 시술은 오늘날에도 널리 이루어지고 있다. 세계보건기구는 오늘날 할례를 받는 남성의 수를 6억 명으로 추정한다.

할례는 기원전 제3천년기 초기부터 이집트 부조에 나타나지만, 그 이전부터 이루어진 것 같다.

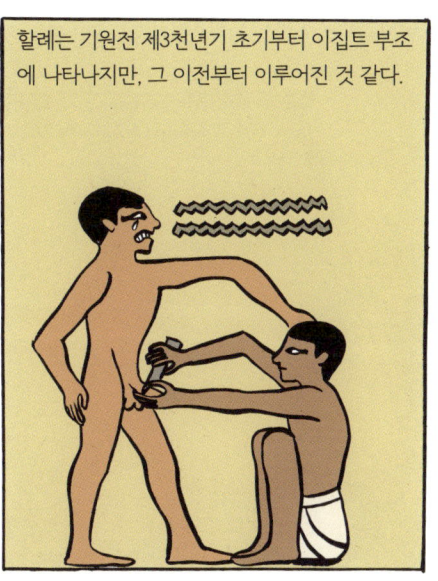

의료적 할례(포경)와 최근 미국에서 시작된 위생 목적의 할례를 제외하면, 할례는 대부분 의례적이고 종교적인 관습이다. 성서의 계명에서 유래한 유대교 의식인 '브리트 밀라'(할례 언약)는 태어난 지 8일째 되는 날 행해진다.

이슬람교의 할례인 '타하라'(정결 의식)는, 기원은 같지만 더 늦은 나이인 4세에서 12세 사이에 이루어진다.

이 관습이 시작된 사하라 이남의 아프리카 전통 사회에서 할례는 민족이나 종교에 상관없이 널리 이루어진다. 할례를 받는 나이는 민족과 종교에 따라 다른데, 주로 성년이 되는 통과의례 중 하나다. 소녀는 음핵을 절제한다.

음핵 절제를 '여성 할례'라고 부르기도 하는데, 이는 음핵 절제와 할례가 동등하다는 끈질긴 믿음 때문이다. 이런 믿음은 인간이 본래 양성을 지니고 있으므로, 이제 개인의 성을 확실히 정해야 한다는 생각에서 나온 것이다. 이를 위해 남자아이한테서는 여성적인 부분(귀두)을, 여자아이한테서는 남성적인 부분(음핵)을 제거한다는 것이다.

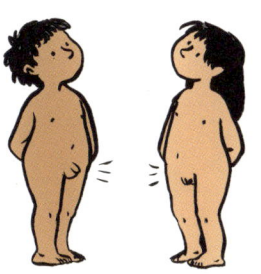

할례는 남자에게 특별한 해를 입히지 않는 데 비해, 음핵 절제는 성기를 훼손하여 여자의 성과 생식에 지속적으로 영향을 끼치므로 절대로 해서는 안 된다. 음핵 절제는 불행히도 사하라 이남 아프리카뿐 아니라 중동 지역과 인도네시아에서도 여전히 성행하고 있다. 오늘 날 28개 나라에서 태어난 1억 명이 넘는 여성들이 그 피해자로 추정된다.

† 히브리어로 '좋은 별자리'란 뜻으로 다른 사람의 행복을 빌 때 쓰는 말.

이곳은 사랑의 여신 이시스 신전이다. 코아와 사웨르티티는 함께 이곳에 왔다. 사방에 가수와 무희들이 있는 이곳은 축제와 기쁨의 장소다.

한쪽에서는 매춘부들이 곡예와 같은 절묘한 체위로 사랑을 나누고 있다!

매춘부 가운데에는 결혼한 여자도 있다. 오랜 전통에 따르면 여자는 일생에 한 번은 이시스의 이름으로 낯선 남자와 육체관계를 맺어야 한다.

동성애는 인정되긴 하지만 부부간의 사랑이 중시되던 이집트 사회에서 좋게 여겨지지는 않았다.

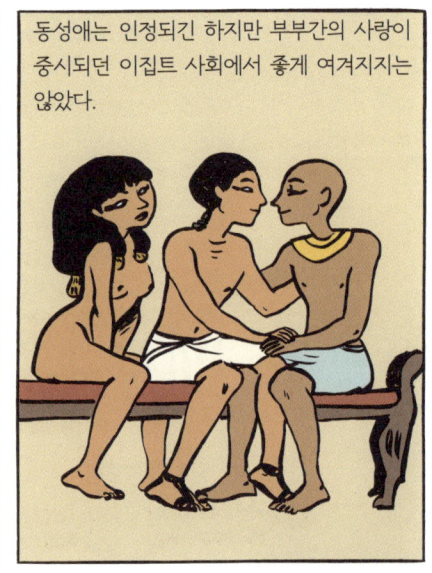

신전은 나일 강가에 있다. 수많은 군중이 강가로 모여든다. 다산을 기원하는 연례행사가 진행 중이다. 파라오인 람세스 2세는 강물을 향해 자위행위를 한다.

이집트의 번영과 풍요를 위해서 말이다.

클레오파트라
요염함과 호색함

왕조가 이어진다. 그리스에 뒤이어 로마는 이집트에 대한 지배를 강화했다. 때는 그리스 계열의 프톨레마이오스 왕가가 이집트를 다스리는 기원전 48년이다. 새로운 인물이 등장해 세력을 떨쳤다.

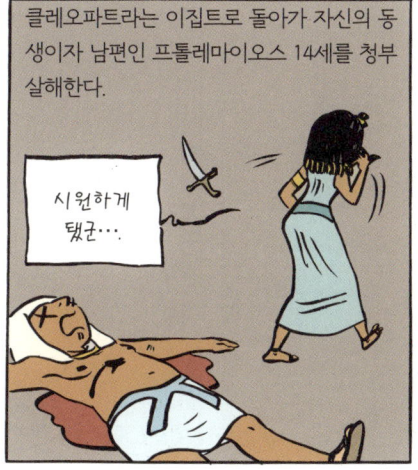

클레오파트라는 지배자로서 맘껏 권력을 행사하고 애인을 두었다.
사람들은 그녀를 위해 포도주와 사랑이 철철 넘쳐흐르는 음탕한 잔치를 벌였다.
이집트인들에게 그녀는 사랑의 비밀을 모조리 알고 있는 사랑의 여신이었다.
로마 사람들은 지나치게 자유분방한 성생활을 비웃으며 그녀를 '창녀-여왕'이라고 불렀다.

클레오파트라는 저항할 수 없이 매혹적인 입술연지로 유명했다. 그건 개미 알과 으깬 연지벌레로 만든 사랑의 묘약이었다.

그녀는 100여 명의 근위병에게 자신의 펠라티오 재능을 발휘하여 '입술 두꺼운 클레오파트라'라는 별명으로 불리기도 했다.

"고… 고마워요, 여왕님."

클레오파트라는 진동 딜도†를 발명하기도 했다. 파피루스로 만든 원통에 벌들을 가득 채운 기구였다.

"지금 열리면 큰일 나는데…."

붕붕

클레오파트라는 자신의 매력을 확신하며 동로마제국을 이끄는 마르쿠스 안토니우스를 유혹하러 간다. 그녀는 자주색 돛을 달고 금으로 번쩍이는 배를 타고 타르수스에 도착한다.

그리고 안토니우스를 배로 초대해 호화로운 연회를 열고 그의 마음을 사로잡는다. 그녀는 29세, 그는 42세다.

그 후 두 사람의 정치와 애정이 뒤섞인 관계는 10년 동안 지속된다.

"당신, 날 사랑한다면 이 땅 합병할 거지?"

"오케이! 하지만 당신도 날 사랑한다면 군대로 도와줘야 해."

10년 후 두 사람은 동반자살을 한다. 클레오파트라는 독사가 든 무화과 바구니를 가져오게 해서 자살했다.

클레오파트라는 역사에서 가장 유명한 여성 중 한 명이다. 그녀는 사랑과 정치적 필요를 위해 자신의 매력을 이용하는 법을 알았다.

† 남성 성기를 본뜬 여성용 자위 도구.

제4장

그리스,
사랑의 만신전

그리스에는 신들과 전설적인 영웅들에게 바치는 만신전(판테온)이 있었다. 제우스, 아프로디테, 아폴론, 헤르메스, 에로스, 디오니소스, 프리아포스, 오이디푸스, 오디세우스, 나르키소스 등은 모두 오늘날의 어휘에도 생생히 살아 우리와 함께한다.

이들 중 일부는 수입된 것이다. 아프로디테는 이시스에서 왔으며, 이시스의 원조는 이슈타르다.

또 오시리스와 아피스의 미덕을 지닌 헤르메스와 프리아포스가 있다.

고대 그리스 사람들은 신들을 모범으로 삼아 그들이 사는 방식대로 살려고 했다. 그런데 이게 항상 만만한 일은 아니다. 사랑에 있어서 신들은 기이한 태도를 보였기 때문이다.

태초에 카오스(혼돈)가 있었고, 욕망으로부터 땅이 형태를 갖추었다.

그러다 최초의 두 존재가 생겨났다: 우라노스(생명력)는 가이아(대지)를 유혹했다.

가이아는 외눈박이 키클롭스를 비롯해 기괴한 거인들을 한꺼번에 낳았다. (호러 컷 주의!)

아아아악!

아아안 돼에에!!!

자식이 너무 많지자 걱정이 된 우라노스는 이들을 다시 어머니의 배 속으로 밀어 넣었다.

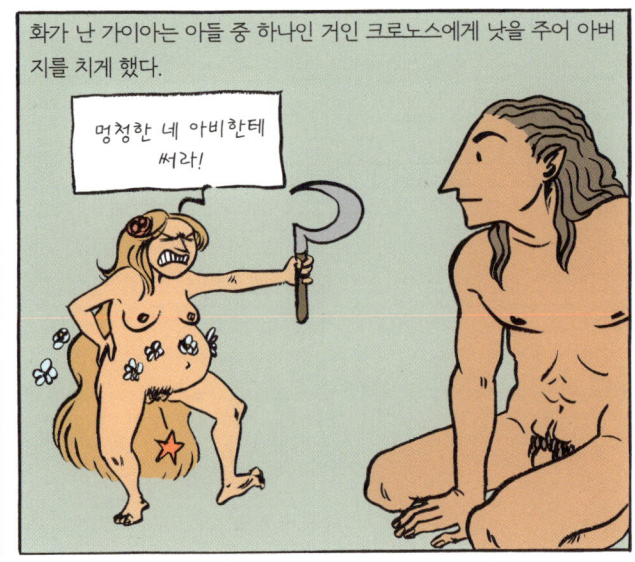

화가 난 가이아는 아들 중 하나인 거인 크로노스에게 낫을 주어 아버지를 치게 했다.

명청한 네 아비한테 써라!

우라노스가 가이아와 성교하려고 발기해서 방심한 사이에 크로노스는 아버지의 거대한 성기를 잘라버렸다.

그런데 놀랍게도 신성한 남근의 피가 가이아(대지)의 성기로 흘러들었다. 그리고 가이아로부터 온갖 악한 존재들이 태어났다.

다시 아아아악!

한편 우라노스의 성기는 에게해에 빠져 거품을 일으키고, 이 거품에서 위풍당당하게 사랑의 여신 아프로디테가 탄생했다.

아프로디테는 무척 아름다웠다. 그녀를 '칼리피게'라고 불렀는데, '아름다운 엉덩이를 가진 사람'이라는 뜻이다.

다들 와서 보세요!

와우! 정말이네.

완벽한 몸을 지닌 여신 '칼리피게 아프로디테'에게 바치는 신전까지 세워졌다. 이 신전에서는 가장 완벽한 엉덩이를 가진 여자를 뽑는 대회가 열렸다.

아프로디테는 유혹과 다산의 힘을 가진 존재로 숭배되었다. 봄에 자연을 일깨우는 것도 그녀였다.

자, 다들 일어나!

봄이 왔다고!

하지만 아프로디테는 양면적인 존재다. 충실한 남편 헤파이스토스의 모범적인 아내인 동시에…

지칠 줄 모르고 열정을 불러일으키는 연인이다(헤르메스, 아레스, 아도니스 등이 그녀의 애인이다).

사랑의 신 **에로스**는 아레스와 아프로디테의 아들이다. 젊은 신 가운데 가장 아름다운 에로스는 활과 화살을 든 작은 소년으로 표현된다.

에로스의 화살을 맞은 남녀는 사랑에 눈뜬다.

헤르메스는 제우스와 산의 님프인 마이아 사이에서 태어난 아들이다(님프는 신들과 함께 다니는 신성한 존재로 항상 섹스를 할 준비가 되어 있다. 여기에서 과다 성욕을 가진 여자를 일컫는 '님포마니아'라는 말이 나왔다).

헤르메스는 신들의 전령이자 정력의 수호자다(그는 우뚝 솟은 성기를 가진 모습으로 표현된다!). 그는 여행자들을 보호한다. 갈림길에는 수염이 나고 성기가 불뚝 선 모습의 조각상이 서 있다.

조각상을 보니 이쪽일세.

아프로디테는 헤르메스를 애인으로 삼았고, 두 사람 사이에서 헤르마프로디토스가 태어났다. 그는 부모의 모습을 모두 지닌 반은 남자고 반은 여자인 존재로, 부모의 이름뿐 아니라 부모의 완벽함을 물려받았다. 정력적인 남근과 근사한 젖가슴을 말이다.

헤르마프로디토스는 양성의 결합을 상징하는 존재로 남녀를 모두 유혹한다. 그는 아름다움과 정력을 결합한 완벽함의 상징이다.

쾌감이 두 배!

그럼 **프리아포스**는? 아프로디테는 신나게 즐기다 포도주와 사랑의 신 디오니소스와 잠자리를 가지고 임신한다.

이때 아프로디테의 미모를 질투한 헤라는 그녀의 배를 만져 주문을 걸었다.

요거나 받아라!

그래서 아프로디테는 거대한 성기를 가진 기괴한 아이를 낳았다. 이 아이가 바로 프리아포스다.

이 괴물 아기가 창피한 아프로디테는 아이를 멀리 떨어진 람프사코스로 보내버린다.

사춘기에 이미 멋진 청년이 된 프리아포스 신은 람프사코스의 모든 여자와 놀아난다. 그의 기형은 여자들한테 불쾌할 이유가 전혀 없었기 때문이다. 질투심에 찬 남편들은 그를 도시에서 쫓아냈다.

이에 대한 벌로 그들은 모두 프리아포스의 기형적인 신체 부위인 바로 그곳에 끔찍한 병을 얻는다. '매독'에 걸린 것이다!

이 전염병 때문에 사람들은 신탁을 전하는 무녀를 찾아간다. 그녀는 판결을 내린다.

프리아포스를 불러들이면 다 나을 것이다!

프리아포스는 사람들의 환호를 받으며 돌아오고, 불쌍한 남편들은 자기 아내를 훔친 그 신을 위해 제단을 세워 숭배할 수밖에 없게 된다!

오냐. 프리아포스 만세다….

누가 대장이지?

프리아포스에게 영광을…

남근 축제

해마다 봄이 오면 디오니소스를 기리는 남근 축제가 벌어졌다. 이 시기에 델로스섬에는 우뚝 선 남근 모양의 거대한 조각상이 세워졌다. 축제는 사흘 동안 이어졌다. 두 남자가 행렬의 선두에 서는데, 한 사람은 포도주를 담은 가죽 부대를, 다른 사람은 포도나무 그루를 든다. 세 번째 남자는 숫염소를 끌고 가고, 네 번째 남자는 무화과를 담은 바구니를 든다. 행렬의 끝에는 거대한 남근 조각상을 든 사람들이 따른다.

이 행렬에 이어 머리를 산발한 채 광란하는 여사제와 무녀들이 온다.

젊은 숫처녀들이 꽃과 과실로 만든 관으로 남근상을 장식한다.

아칸더스 잎 가면을 쓴 팔로포르 (남근을 든 남자)들.

그 뒤로는 악기 연주자들이 따르고, 끝으로 여자 옷을 입은 '이티팔'들이 온다.

무녀들은 미친 듯 열광하며 정력의 상징인 갓 죽인 숫염소의 피를 마신다.

이 화려한 축제의 끝에는 봄을 맞이하는 의미로 집단 난교가 이루어졌다. 이는 포도 수확 축제도 겸했다.

그럼 여기에서 여성의 위치는?

가부장적인 그리스 사회에서 남자는 모든 권리를 가졌다. 남자에게 가장 불명예스러운 일은 자녀를, 특히 아들을 낳지 못하는 것이다.

하지만 남자가 증인을 내세워 (친구가 그의 정력을 증언해줌으로써) 자신의 정력에 문제가 없음을 증명하면, 아내가 불임 판정을 받고 남자는 누명을 벗었다.

그리스 의학은 이미 불임에 대한 과학적인 진단을 내렸다. 최초의 의사 히포크라테스는 이에 대한 지침서를 썼다.

불임 판정을 받은 여자한테는 치료법이 딱 한 가지다. 바로 프리아포스다. 그녀는 희생하는 의미로 신을 위한 행렬과 난교 행사에 참여한다.

그러면 9개월 후에 기적적으로…

이 축제에서만큼은 여자들도 자유롭게 즐길 수 있다. 평소에 아내는 남자들의 세계에 들어가지 못하고 집에만 틀어박혀 지내며, 남편 아닌 남자의 성기를 보는 것은 용납하기 어려운 일이다.

여자에게 금지된 특별한 장소가 있었다. 남자들이 벌거벗고 운동을 하는 체육관 '김나시온'이다(김노스: 벌거벗은). 이곳에서 남자들은 남성의 우월함과 아름다움을 입증하는 남성적 가치를 길렀다. 이곳은 성적인 요소가 강하게 부여된 남성적 장소이고, 신체 숭배와 연인 간의 만남, 남색이 이루어지는 장소였다.

사랑과 동성애, 남색

그리스인에게 사랑은 단 하나의 뜻을 지니지 않았다. 사랑에는 여러 종류가 있었다.

필리아: 동성에게 느끼는 우정과 상호 존중

에로스: 성적 욕망과 이끌림

아가페: 사심 없는 무조건적인 사랑

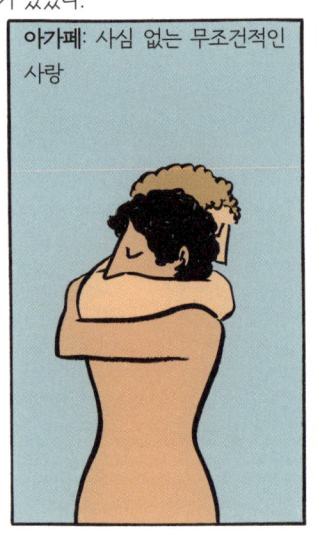

스토르게: 자녀와 가족에 대한 사랑

애착에 이렇게 서로 다른 형태가 존재함으로써 남자와 여자는 서로 복잡한 관계를 맺는다. 이는 오늘날 우리가 성적인 이끌림에 따라 결정된다고 생각하는 '성적 지향'과는 아무런 상관이 없다. 그 당시에 성행위는 애착 관계와 상관없이 이루어졌다.

오늘날의 통념으로는 고대의 성풍속을 이해하기 힘들다. 그리스인들은 동성애자도 이성애자도 아니었다. 그들은 동성애자나 양성애자, 이성애자를 구별하지 않았고, 이런 것은 아무런 의미도 없었다.

이런 용어는 19세기에 만들어진 것이다.

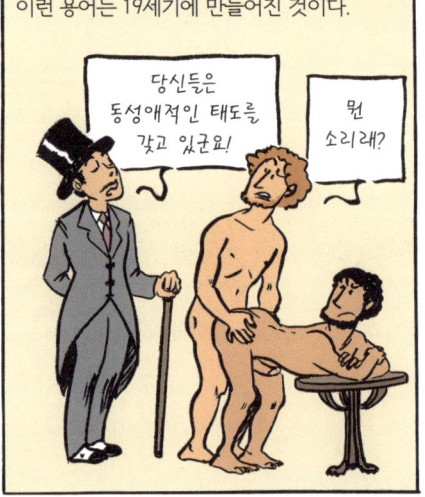

성행위는 장소(아테네, 스파르타, 테베 등)와 시대에 따라 다양한 방식으로 용납되거나 처벌받았다.

여성 혐오가 강했던 고대 그리스 사회에서는 오로지 지배 관계만이 중요했다. 남성은 삽입할 수 있기에 우월한 존재다. 따라서 삽입당하는 남자나 여자는 당연히 열등한 존재다. 삽입당하는 대상이 누구인지는 중요하지 않다.

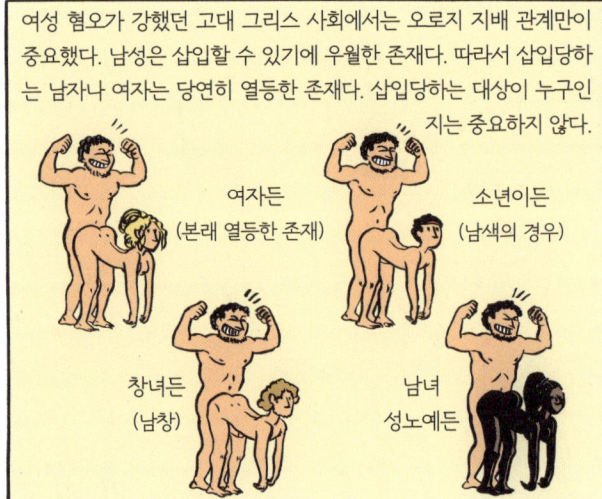

중요한 건 그 남자가 누구한테 끌리느냐이다. 남자는 누구든 사랑할 수 있기 때문이다. 물론 그게 '아름다운' 사람이면 더욱 좋지만.

아테네에서 남색은 결혼한 젊은 남자, 즉 아테네 시민이 사춘기 이전의 소년을 사회적 삶과 친밀한 사랑에 입문시켜 '시민'으로 만들어주는 교육적인 관계였다. 이는 성인이 되고 시민의 자격을 얻기 위한 일종의 통과의례였다. 그러나 이러한 남색은 일부 귀족 사회와 평민 상류층에 존재했을 뿐, 모든 사람이 지키는 관습은 아니었다.

향연

이곳은 아테네다. 때는 기원전 404년으로 철학자들과 공화정의 시대, 고대 그리스의 전성기다.

† 아테네의 정치가이자 시인.

노아뎀이 집으로 돌아오자 아내 소오피아가 몸을 굽혀 인사한다. 소오피아는 하녀들을 거느리고 집안을 다스리며, 네 아이를 보살핀다.

어서 오세요.

그리스에서 결혼한 여성이 받는 대접은 그리 유쾌하지 않다. 여자는 열다섯 살이 되면 아버지가 고른 남자와 결혼해서 남편의 뜻을 따르며 성적으로 충실해야 한다. 반면에 남편은 첩이나 노예, 매춘부, 심지어 소년과도 사랑을 나눌 수 있다. 부부 사이에는 아무런 애정도 없다!

방금 창녀 둘하고 섹스를 했소. 이제 아킬레스랑 함께 아가톤이 여는 연회에 가봐야 해요.

내일 봅시다.

잘됐네요! 즐거운 시간 보내요, 여보!

노아뎀은 밖으로 나가 애인 아킬레스를 만난다.

두 사람은 연회가 열리는 아가톤의 집으로 간다.

플라톤의 《향연》에서 그 유명한 사랑의 정의가 내려진다. 커다란 식탁에 식사가 차려져 있다. 노아뎀과 아킬레스는 파이드로스와 플라톤, 파우사니아스, 소크라테스, 아리스토파네스 등과 함께 자리를 잡는다.

그럼 여기에서 여성의 위치는?
두 번째

5세기 말에 아테네 여자들은 남편들의 무관심에 반기를 들었다.

제5장
로마, 영예와 쇠퇴

로마는 고대의 신앙과 신들을 전부 자기 것으로 만들었다. 그리스의 판테온은 새로운 이름으로 재탄생한다. 제우스는 유피테르, 아프로디테는 베누스, 디오니소스는 바쿠스가 되고, 그리스의 난교 의식도 받아들인다. 로마에서 '그리스식으로 산다'는 것은 자유롭게 사는 것을 의미했다.

로마는 기원전 753년에 로물루스가 건국했고, 초기 200년 동안 에트루리아의 지배를 받았다.

에트루리아는 오늘날의 토스카나 지역에 살던 항해 민족이다. 그곳 여성들은 상당히 자유로웠고, 남편과 함께 잔치와 연회에도 참석했다.

여성들은 심지어 남자들이나 여자 친구들과 함께 운동도 했다. 에트루리아에서는 벌거벗은 여자의 모습이 그리 놀랍지 않았다.

그리스의 역사학자 테오폼포스에 따르면, 에트루리아 여자들은 남들이 보는 곳에서 성행위를 하는 것도 꺼리지 않고 남자들과 자유롭게 즐겼다고 한다!

사랑의 여신 우니는 여자들에게 신성한 매춘 행위를 하라고 장려하기까지 했다.

남자들은 여자 애인뿐 아니라 이웃 나라 그리스에서와 마찬가지로 소년이나 청소년과도 즐겼다.

† 안녕하세요!

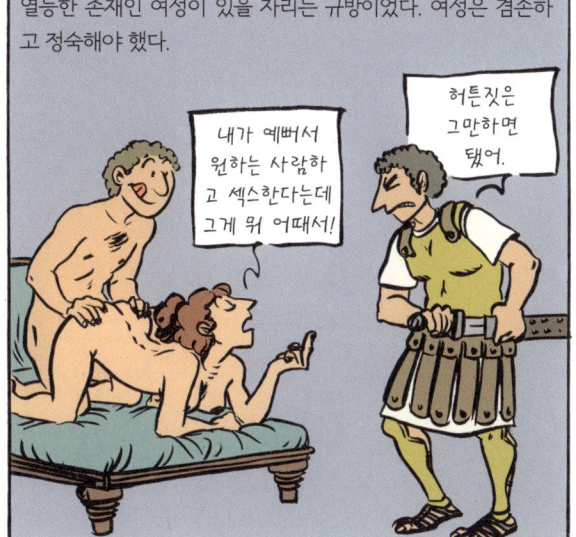

로마의 축제

리베르, 바쿠스, 플로라, 프리아포스 등 여러 신을 기리는 축제가 늘어난다. 이와 함께 자유분방한 성행위나 난교 행사도 성행했다. 로마력으로 정해진 축제가 1년에 100일이 넘었다. 그중 거의 절반은 다산과 풍요, 자유로운 성풍속의 신을 기리는 축제였다.

4월 27일부터 5월 2일까지 열리는 플로랄리아는 플로라 여신을 기리며 개화를 축하하는 축제다. 로마 인근의 계곡과 정원에서 사람들은 닷새 밤 동안 사냥과 춤을 즐겼다. 여자들은 벌거벗은 채 무대 위로 올라가 음란한 춤을 추었다.

들판과 동물의 수호자에게 바치는 판 신 축제 때에는 목초지에서 신관들이 늑대(루푸스)를 쫓는 시늉을 하며 가죽 채찍으로 여자들을 후려쳤다. 채찍은 다산을 보장하는 욕정과 육감을 자극한다.

파종을 축하하는 사투르누스 축제는 7일 밤낮으로도 부족했다. 남녀는 같은 식탁에서 먹고 마시며 같은 침대에서 잔다. 사람들은 전혀 절제하지 않고 완벽한 자유를 누리며 기쁨을 맛보았다.

로마의 일상생활과 사랑의 기술

기원전 1년 로마

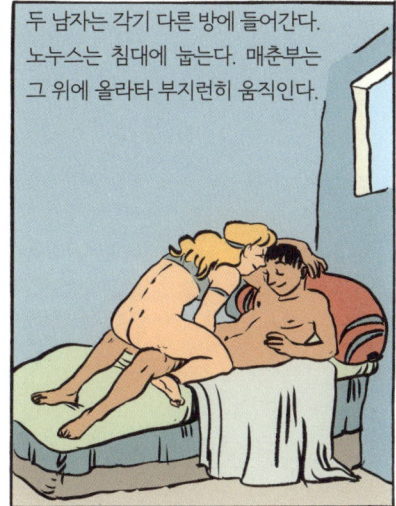

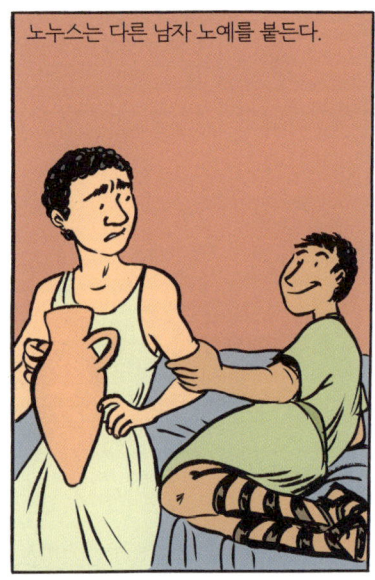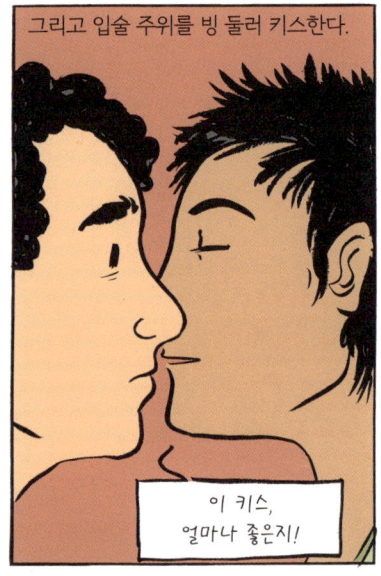

저녁에 노누스는 집으로 돌아온다. 문턱을 넘어서자마자 집 안 곳곳에 부적이 가득하다. '파스키움'이라고 불리는 작은 남근상은 가정을 보호해준다. 작은 종과 남근이 달린 틴틴나불룸이 천장에 매달려 있다.

틴틴나불룸에 또 머리를 부딪혔어.

저런!

소오비나와 아들은 목에 작은 남근(무티누스)을 차고 있다. 이것은 액운을 쫓고 아직 어린 이 아이에게 힘과 성공을 약속해준다.

'아빠'라고 불러봐!

남근!

부부는 둘만의 장소로 물러나 집 안에 마련된 무티누스를 위한 작은 제단 앞에서 봉헌 의식을 치른다.

그리고 평소대로 소오비나는 잠자리에 누운 채 남편이 자기 위에 올라타 사정하기를 기다린다. 쾌감은 느끼지 않는다.

불가사리 시늉을 한다 이거지….

자유로운 여자, 즉 자기 자신을 존중하는 로마의 여성 시민은 성적 쾌감을 느끼지 말도록 교육받는다. 재생산을 해야 하는 존재인 여성은 '배'라고 불린다. 좋은 시민이 될 아이들을 낳으려면 그래야만 하는 것이다! 이런 식으로 정당화된 아내의 '수동성'은 서구 사회에서 2000년 가까이 모범으로 여겨졌다.

너, 좋은 시민이 안 되기만 해봐!

너를 갖느라 침대에서 얼마나 지루했는데!

아내와 반대로 매춘부는 남자 위에 올라타 '적극성'을 보인다!

이-햐!

어떤 아내는 자신의 몸을 가지고 쾌감을 느끼려 했다는 이유로 남편을 고소하기도 한다. 남자는 아내를 사랑한 죄, 그러니까 아내의 육체를 원했다는 이유로 고소당하고 유죄 판결을 받을 수도 있다. 훌륭한 가정의 어머니는 창녀가 아니니까!

저이가… 저이가 내 가슴을 만지려 했어요!

재판관

감정을 느껴서도 안 된다. "자신의 아내를 사랑하는 것은 수치스러운 일이다. 연인이 아니라 부부로서 처신해야 한다."(세네카)

이바! 나 너 사랑 안 해!

나도 안 해, 자기야!

얼마 전에 로마에서 오비디우스가 쓴 《사랑의 기술》이 출간됐다. 소오비나는 침대에서 상반신을 일으켜 노누스를 다정하게 쓰다듬고, 노누스는 놀라서 아내를 쳐다본다.

연인을 위한 이 가이드는 혁신적이다. 로마 여성들을 위한 조언도 담겨 있기 때문이다. 모든 여자는 자신에게 가장 잘 맞는 사랑법을 선택하기 위해서 자기 자신을 잘 알아야 한다고 쓰여 있다.

그 책에서 사람들은 사랑을 나누는 온갖 방법, 그러니까 오비디우스가 제시한 90가지 체위뿐 아니라 서로 사랑하는 새로운 시각, 좀 더 평등한 시각을 발견한다. "사랑에 있어서 두 성은 동등하며, 쾌감은 공평하게 분배되어야 한다. 그렇다, 사랑은 대기를 나누는 일이 되어야지 이기적인 만족이 되어서는 안 된다. 사랑은 의무여서도 안 된다."

노누스와 소오비나는 연인처럼 사랑을 나눈다. 이는 제정 로마 시대를 사는 부부에게 새로운 것이다.

그러나 아우구스투스 황제는 반란이 일어나 여자가 남자를 지배하게 될 것을 두려워한 나머지, 오비디우스를 추방한다. 오비디우스는 여러 차례 탄원했으나 로마로 돌아오지 못한다.

사랑의 자유를 향한 이 기나긴 여정을 읽으며 알 수 있는 사실은, 진보에는 항상 억압이 따른다는 것이다.

쇠퇴

뒤이어 수년 동안 로마의 풍속은 문란해졌다.

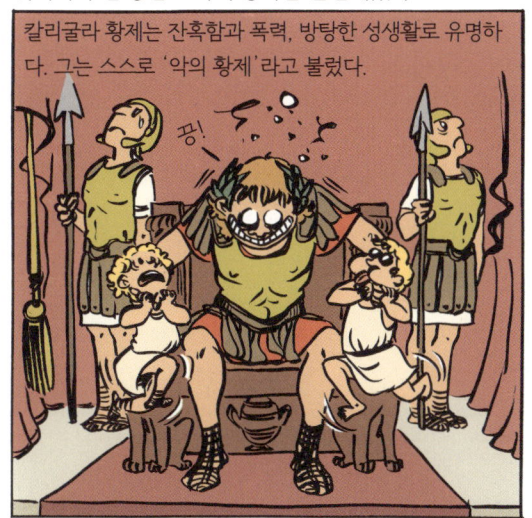

칼리굴라 황제는 잔혹함과 폭력, 방탕한 성생활로 유명하다. 그는 스스로 '악의 황제'라고 불렀다.

성에 있어서 더없이 무절제한 그는 자신의 세 누이인 드루실라, 아그리피나, 리빌라와 근친상간을 한다.

칼리굴라! 네 여동생들 가만히 좀 두라니까!

동시에 여러 소년과 동성애 관계를 맺는데, 이는 로마에서 유례없는 일이다.

어린 소년한테도 이런 일은 유례가 없었죠.

그는 자신의 궁전에 루파나르를 마련해 원로원 의원의 부인들에게 매춘을 시킨다.

칼리굴라는 사형과 고문을 즐기다가, 28세에 근위병에게 살해당한다.

후유!

그의 뒤를 이은 클라우디우스는 로마 황제 가운데 유일하게 완벽한 이성애자였고 성적으로도 절제할 줄 아는 인물이었다.

하지만 그의 아내인 메살리나가 이런 약점을 보완한다. 성적인 방탕과 님포마니아(색정광)로 유명한 그녀는 로마의 루파나르나 자신이 여는 난교 파티에서 매춘을 한다.

어, 자기야, 금방 끝나? 나 자고 싶은데.

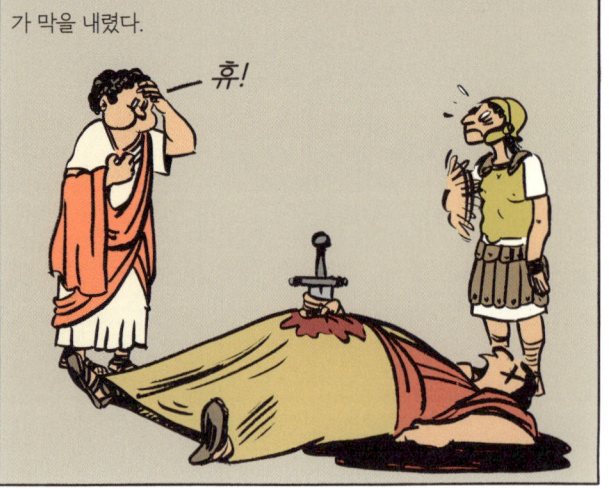

† 메르카토(mercato)는 라틴어로 '시장'을 뜻함.
‡ 지금 이 순간을 즐겨라!

초기 기독교 세계

기독교 시대 초기에 로마 황제는 이 새로운 신앙을 받아들여 개종했다. 로마제국은 타락한 불한당인 교황들과 군사 충돌 및 타협을 거듭하며 5세기 동안 더 유지되었다. 4대 복음서는 새로운 성서가 되었다.

† 바오로, 바울, 바울로 등으로 번역된다. 여기에서는 그리스어 발음에 따라 '파울로스'라고 한다.

제6장

중세, 지옥과 천국

중세는 로마제국의 멸망(5세기)부터 아메리카 대륙의 발견(15세기)까지 1000년 동안 지속된다.

그리고 그 1000년 동안 수많은 일이 벌어진다! 중세 초기에는 고대의 성 관념이 그대로 이어진다. 단 차이점이 있다면 이제는 교회와 성직자들이 남성적 질서를 강요한다는 것이다.

그러다가 사랑의 새로운 모델이 등장한다. 바로 정중한 사랑('세련된 아모르')이다. 이는 기나긴 인류 역사에서 사회가 남녀평등으로 한 걸음 나아가게 하는 이정표가 된다. 여기에서 한 가지 짚고 넘어갈 점이 있다. 라틴어 '아모르(amor, 사랑)'가 로망스어에서 여성형이 되었다가, 16세기 초반에 막 생긴 프랑스어에서 다시 남성형이 된다는 사실이다.

성과 사랑에 관한 이야기를 이어가기 위해서, 5세기 초 가톨릭교회 주교인 성 아우구스티누스의 이야기로 중세를 열어본다. 그가 주장한 '원죄'에 대한 죄의식 사상은 기독교에 깊은 흔적을 남긴다.

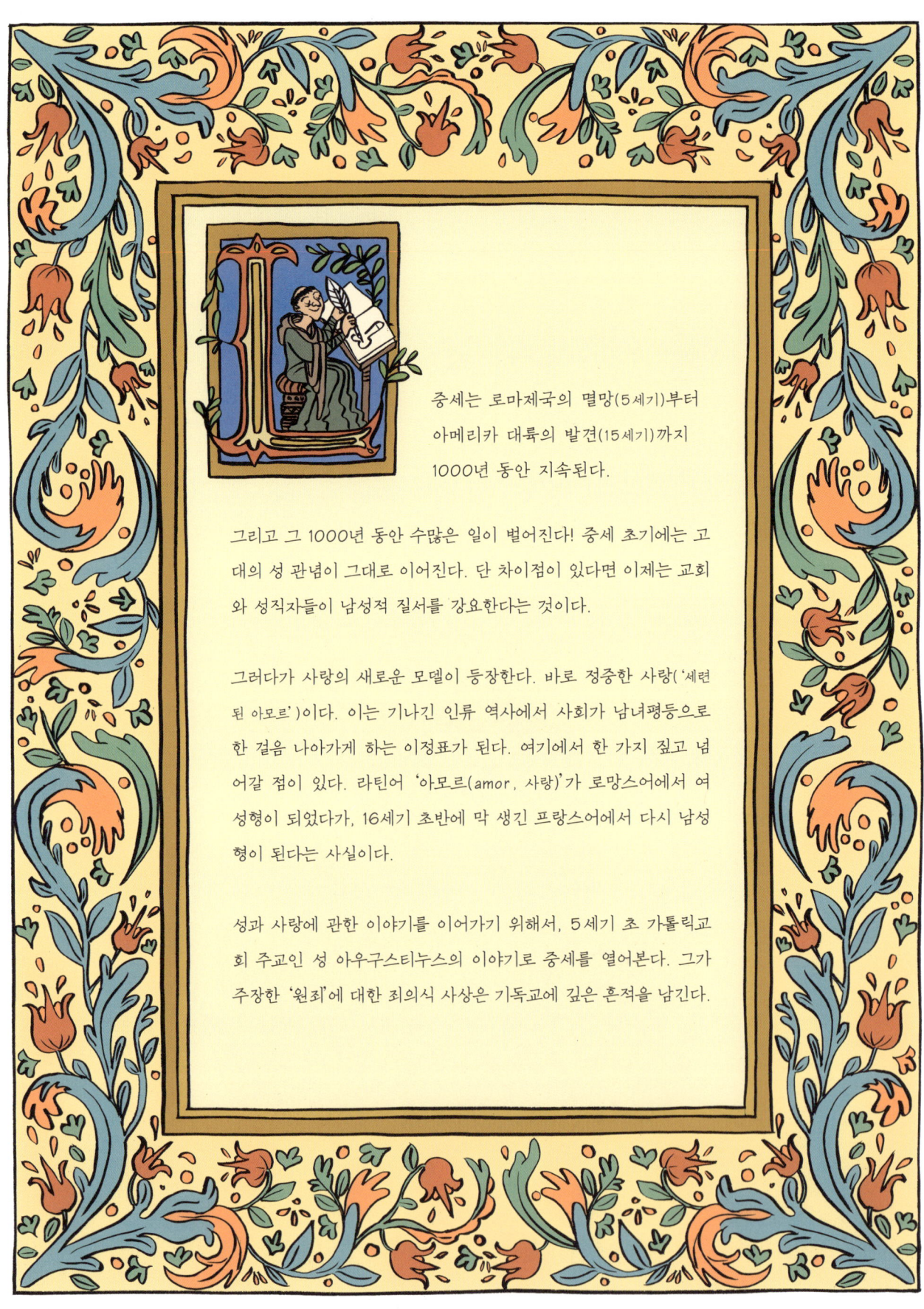

전쟁과 평화 사이에서

5세기부터 10세기까지 유럽은 여러 왕국의 후계자들이 끊임없이 벌인 분쟁과 전쟁, 그리고 이에 따른 경제적 어려움으로 혼란에 빠졌다. 특히 여성은 각종 질병으로 고생하며 무사히 살아남을지 모르는 아이들을 돌보아야 했다.

유혹

귀족 가문의 여성은 결혼 전에 유혹당하지 않으려고 수도원에서 한동안 지냈다.

결혼한 뒤에는 자신의 '지배자이자 주인'에게 전적으로 헌신했다.

사제들은 여자와 동거 생활을 하거나 매춘부를 찾았다. 이런 일은 사제의 결혼이 금지된 11세기부터 더욱 심해진다.

남편이 집을 비우는 일이 많고 성 충동은 엄연히 존재하기 때문에, 많은 여자가 고해신부의 너그러운 영혼에 의지한다.

이런 관계는 은밀히 이루어진다. 현행범으로 잡히면 연인과 함께 사형에 처해지기 때문이다.

서민층에서는 젊은 커플이 '장래를 약속한' 사이라면 결혼 전에 성관계를 맺어도 처벌받지 않았다. 하지만 원치 않은 임신을 한 여자는 사형을 당한다.

외설적인 중세 전설에서는 서민 남자들이 얼마나 섹스를 탐닉하고 거칠게 하는지 묘사된다. 성 충동이 억제되기 힘든 수도원과 수녀원에서도 상황은 마찬가지다.

† 트로이의 왕자 헥토르의 아내 안드로마케가 남편 위에 올라타 섹스를 했다는 이야기에서 유래.

처녀성

처녀성은 미덕이기 이전에 반드시 지켜야 하는 것이었다. 신학자들은 정조를 잃은 여자는 신에게 버림받는다고 말했다.

사랑 이야기

금기 사항이 너무도 많아서, 권력을 쥔 사람들만이 사랑의 모험을 감행할 수 있었다.

987년에 프랑스의 왕이 된 위그 카페의 아들 경건왕 로베르의 이야기다. 열아홉 살의 로베르는 4년 전에 아버지의 강요로 결혼한 서른다섯 살의 아내 쉬잔과 일방적으로 이혼하고, 기혼녀인 사촌 베르타와 재혼하려 했다.

두 연인은 이 사실을 굳이 숨기지 않았으며, 자신들을 결혼시켜줄 주교를 찾아냈다.

하지만 교황 그레고리오 5세는 이 결혼이 근친상간이라며 그들에게 7년 동안 속죄하고, 만일 헤어지지 않으면 파문하겠다고 선포했다.

로베르의 열정적 성격은 후대로 이어져서, 그의 손자 필리프 1세는 아내 베르타 드 올랑드를 두고 앙주 공작의 아내인 베르트라드 드 몽포르에게 흠뻑 반했다.

사랑에 빠진 그는 자신의 권력을 이용해 베르타와 강제로 이혼하고 베르트라드와 결혼했다.

2년 후 오툉에서 열린 공의회에서 주교들은 필리프 1세 부부를 파문했다. 가톨릭교회의 배척에도 불구하고 왕은 이혼하지 않았다.

왕을 파문하려고 일부러 프랑스까지 온 교황 우르바노 2세는 필리프 1세가 십자군 전쟁에 참여하지 못하게 했다.

가톨릭교회는 왕국 내에서도 막강한 존재로서 결혼과 가족의 내밀한 삶까지 통제했다.

두 가지 잘못된 생각

정조대

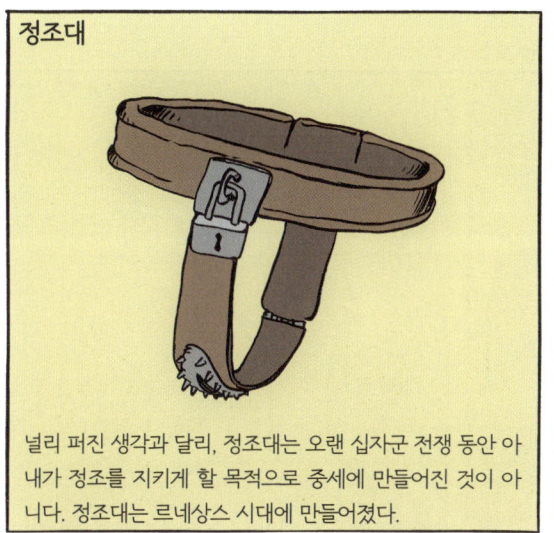

널리 퍼진 생각과 달리, 정조대는 오랜 십자군 전쟁 동안 아내가 정조를 지키게 할 목적으로 중세에 만들어진 것이 아니다. 정조대는 르네상스 시대에 만들어졌다.

질투심이 많은 남편들은 젊은 아내가 바람이 날까 봐 아내에게 강제로 이런 보호 장치를 채웠다.

"화장실 갈 때 참 편하겠네!"

그런데 19세기 사람들이 중세에 열광하면서 정조대가 중세에 만들어졌다는 전설이 생겼고, 이런 장치가 유곽에서 사용되었다! 이 장치는 오늘날 BDSM†에서 사용된다.

"'열쇠를 잃어버렸다'니 그게 무슨 뜻이요?"

초야권

"내일 애 돌려 보내줄게!"

널리 퍼진 생각에 따르면, 중세의 영주는 신과 동등한 존재로서, 자신의 농노와 하인의 딸이나 아내에 대해 초야권(첫날밤에 대한 권리)을 지녔다고 한다.

초야권보다 조금 약한 형태로, 영주가 젊은 부부의 결합을 축복하기 위해 상징적으로 그들의 몸 사이에 자신의 다리를 밀어넣는 일도 행해졌다고 한다.

"어! 다리라고 했잖아요!"

하지만 그 어떤 역사학자도 공문서나 관습법 기록에서 이러한 관행이 언급된 부분을 찾아내지 못했다. 반면에 영주가 자신의 지배적 위치를 성적으로 남용해 처벌받은 기록은 있다.

† '결박과 구속, 사디즘과 마조히즘'이라는 뜻으로 성적으로 가학적인 성향을 통틀어 일컫는 말.

십자군 전쟁, 정중한 사랑, 그리고 사랑의 법정

1만 5000명에서 2만 명으로 이루어진 1차 십자군은 1096년 8월 15일에 예루살렘을 향해 떠났다.

엘로이즈와 아벨라르
또는 교수와 여제자

정중한 사랑은 여성을 대하는 새로운 방식이었다. 이 새로운 사랑이 여러 이야기들로 전해진다. 그중 엘로이즈와 아벨라르의 이야기가 유명하다.

유곽과 성인들

† 보르델(bordel): 프랑스어로 '유곽', '사창가'라는 뜻.

중세에 수도원과 성에는 목욕탕이 있었다. 시내에 있는 공중목욕탕은 남녀가 함께 이용했다. 이곳은 보통 화류계 여자들이 운영하는 평판 나쁜 장소다. 때로는 두 사람이 한 통에서 목욕을 한다. 이때 여자들은 멋을 부리느라 모자를 쓰고 목걸이를 차고 있다! 보카치오는 《데카메론》에서 이런 유곽을 비판했다. "이곳에서는 당신을 정중히 맞이해 젊은 아가씨가 씻어주고 그 부드러운 손으로 마사지한다. 그런 다음 당신한테 침대를 내주고 젊은 여자가 당신에게 쾌락을 선사한다."

교회가 이런 퇴폐적인 장소를 없애라고 금지령을 내렸지만 '집단 혼욕'은 거의 두 세기 동안 유행한다.

13세기는 성 토마스 아퀴나스의 시대이기도 하다. 그는 쾌락과 성을 적대시했다.

— 푸아!
— 저 사람 우리 침실에서 뭐 하는 거지?!

그는 아리스토텔레스와 성 아우구스티누스의 여성 혐오적인 생각을 이어받아 여자가 불완전한 존재라고 다시금 선언했다.

— 불완전한 인간! 미성숙한 존재로다!
— 어머나! 혹시 욕구불만 아니세요?

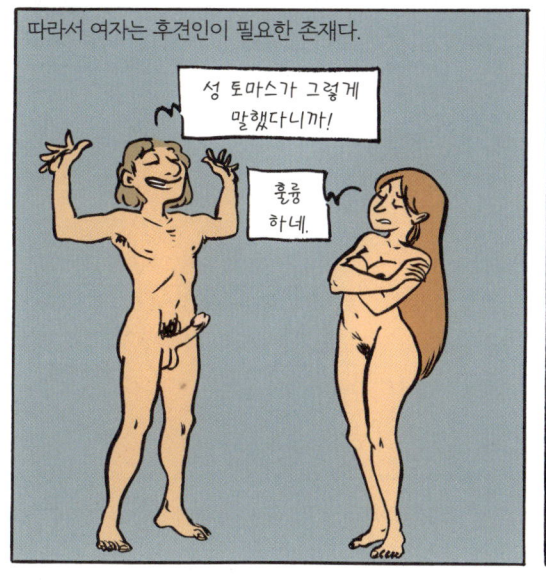

따라서 여자는 후견인이 필요한 존재다.

— 성 토마스가 그렇게 말했다니까!
— 훌륭하네.

그는 그때까지 어느 정도 허용되던 동성애도 비난했다. 음욕의 죄 가운데 가장 큰 죄라는 것이다. 그에게 동성애는 식인풍습과 비슷한 정도로 신성 모독 행위다.

— 아아아! 물러나라! 사탄아!
— 저 사람, 아무 침실에나 막 들어가지 못하게 해야겠네!

여성이 남성 지배에서 해방될 수 있을 것 같던 중세는 종교재판이 판을 치며 막을 내린다.

잔 다르크, 숫처녀인가 마녀인가?

열일곱 살 처녀 잔은 프랑스 로렌 지방에 있는 도시 동레미의 부유한 소작농 자크 다르크의 딸이었다.

사안은 막중했다. 그 시대에 처녀성은 악마에게 지배당하는 것을 막아주는 일종의 부적이었다. 그러니 잔이 숫처녀라면 마녀일 리가 없다! 그리고 잔이 남자가 아닌지도 확인해야 했다. 그래서 산파와 부인들이 잔을 검사했다.

그제야 마음이 놓인 샤를은 잔에게 군량 수송대를 맡기고, 잔은 수송대를 지휘해 오를레앙으로 떠난다.

† 사람의 형상을 닮은 가지과의 약용 식물로 마법의 힘이 있다고 알려졌다.
‡ 주교의 이름 코숑(Cauchon)은 돼지를 뜻하는 코숑(cochon)과 발음이 같다.

악마와 마녀들

악마는 악과 섹스를 전하는 존재, 섹스를 통해 악을 전하는 존재다. 악마는 신에 대항하는 세력으로서 사람들에게 악에 대한 극도의 공포심을 불러일으켰다. 수 세기가 흐르면서 이 타락한 천사는 방탕한 성의 지배자가 되었다.

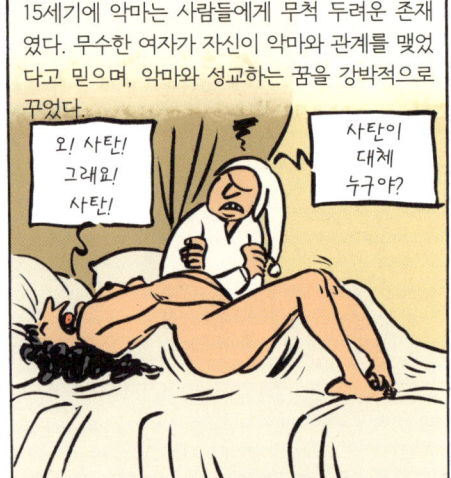

제7장

르네상스 시대, 화가와 그 모델

14세기에 이탈리아에서 르네상스 운동이 일어나 16세기에 유럽으로 퍼졌다. 르네상스는 고대 문화를 재발견하면서 일어난 문화적·지적 혁명으로, 1000년간 이어진 중세의 야만성을 쓸어내고 인간을 세상의 중심에 세웠다. 인본주의가 출현한 것이다. 이 시기에는 또한 여러 발견이 이루어지고(1450년쯤에 구텐베르크는 인쇄술을 발명했고, 1492년에 콜럼버스는 아메리카 대륙을 발견했다), 사상이 혁신되었다(루터와 칼뱅은 16세기 인물이다).

사랑의 역사에 있어서 르네상스 시대는, 고대부터 중시되던 남자들 사이의 우정이 막을 내리고, 서민과 이제 막 탄생한 시민 계급에서 연애결혼이 진정으로 시작된 시기다.

넌 내게 두 번째로 좋은 친구라면 혹시 기분 나쁘겠어?

반면에 귀족 계급에서는 여전히 정략결혼이 이루어졌다.

돈 빼고는 볼 게 하나도 없네.

결혼에 성욕을 결합한 연애결혼이 등장하자 이성애가 대세로 자리 잡았다. 이성애는 아직 이름도 지어지지 않은 동성애와 확실히 분리되었다.

가톨릭교회는 소도미†를 죄로 규정했다. 여기에는 자연을 거스르는 행위인 항문 삽입,

소도미!

펠라티오나 쿤닐링구스처럼 자식을 낳을 목적이 아닌 모든 성적 행위가 포함되었다.

소도미!

같은 이유로 자위행위도 소도미였다.

소도미!

† 소도미(sodomie): 성경에서 음란죄로 신의 심판을 받은 마을 '소돔'에서 유래한 말. '항문 성교', '남색'을 뜻하고 옛날에는 '수간'도 뜻했다.

미셸 드 몽테뉴

고대부터 남자 간의 우정은 남성 지배에서 비롯한 것으로, 오늘날의 동성애와 의미가 달랐다. 진정한 동반이라 할 수 있는 이 우정은, 쾌락과 여자를 공유하는 것에서부터 남자 간의 에로틱한 관계까지 모두 포함한다. 철학자이자 문필가인 미셸 드 몽테뉴는 이런 남자 간의 우정을 가장 잘 보여주는 마지막 예다.

연애하는 부인들

같은 시기에 브랑톰은 사랑에 있어서 여성의 자유가 탄생하는 모습을 묘사했다.

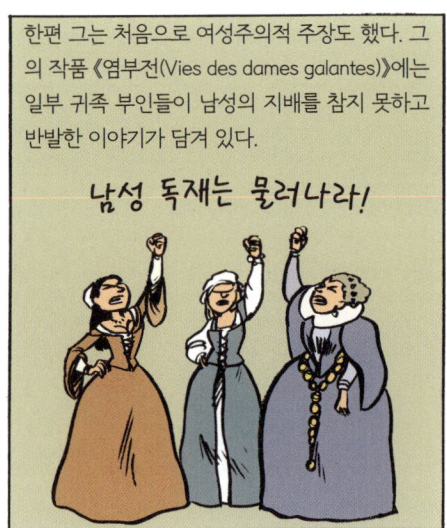

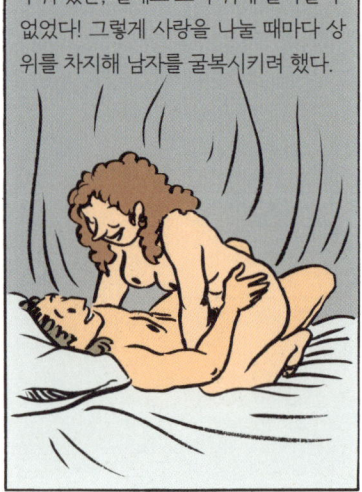

간통과 연애결혼

예술 혁명

회화와 조각, 문학에서는 신체의 자유가 나타났다. 르네상스 예술은 신체가 성적으로 표현된 예술이었다.

이런 새로운 감수성은 성모 마리아 숭배에서 나타나, 여성이 얼마나 아름다운 존재이며 사랑을 누릴 권리가 있는지를 보여주었다.

예술가들은 경쟁하듯 여성의 성적 매력을 부각했다. 보티첼리, 크라나흐, 라파엘, 루벤스 같은 화가에게 나체는 영감의 원천이었다.

훌딱 벗은 여자들 그리는 일이라면…

너도나도 나서는군!

그렇다니까!

살집이 있는 육감적인 여인의 모습이 이상적인 여성상으로 대두했다. 화가 티치아노의 제자인 베네치아 출신의 노아는 〈우르비노의 베누스〉를 마무리하는 중이다.

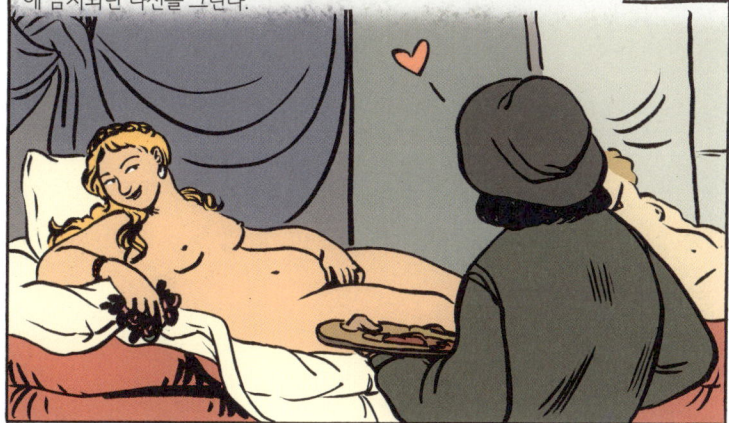

아름다운 젊은 모델 마리아 소오는 벌거벗은 채 침대 위에 누워 있다. 손을 어디에 둘지 망설이던 그녀는 가장 은밀한 신체 부위에 살포시 얹는다. 위대한 화가들은 중세에 금지되던 나신을 그린다.

하지만 교회가 보기에 예술은 과도한 신체 노출이라는 죄를 짓고 있다. 몇 세기 전만 해도 여자의 벌거벗은 가슴을 보는 것은 치명적인 죄였다.

아아아악! 성모 마리아가 반쯤 벌거벗었다!

꿀꺽!

아녜스 소렐

샤를 7세의 궁정에서는 여자들의 드레스가 너무 넓게 파여서 젖꼭지에 분을 발라야 할 정도다!

여전히 아녜스 소렐→

그래서 난 항상 분을 갖고 다니죠!

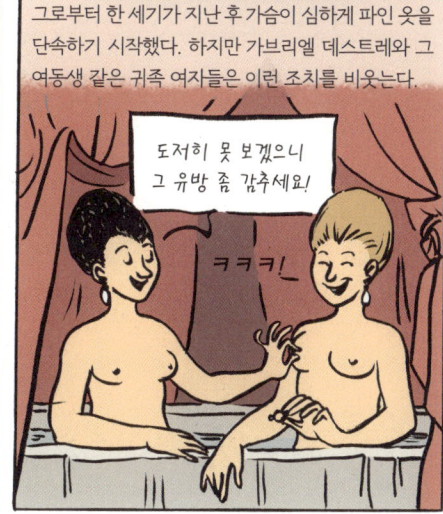

그로부터 한 세기가 지난 후 가슴이 심하게 파인 옷을 단속하기 시작했다. 하지만 가브리엘 데스트레와 그 여동생 같은 귀족 여자들은 이런 조치를 비웃는다.

도저히 못 보겠으니 그 유방 좀 감추세요!

ㅋㅋㅋ

앙리 가문의 왕들
미뇽들과 호색한

서민에게 금지된 기이한 행동을 하는 것은 언제나 귀족과 왕뿐이었다.

앙리 3세는 1551년에 태어났다. 그는 카트린 드 메디시스의 넷째 아들이다. 그는 마리 드 클레브한테 홀딱 반했다.

하지만 그녀는 콩데 왕자와 약혼한 상태였고 결국 그와 결혼하고 만다.

1574년에 왕위에 오른 앙리는 마리와 결혼하려고 그녀의 혼인이 취소되길 원했다.

"마리는 내 여잔데!"
"난 왕이니까 하고 싶은 대로 합니다!"

그런데 두 달 후, 마리는 죽는다.

슬픔에 빠진 앙리 왕은 미뇽†이라고 불린 총신들에게 둘러싸여 여자에 대한 관심을 끊었다. 그래서 모두가 앙리 왕을 동성애자라고 생각했다.

하지만 이런 소문은 가벼운 행실이라면 무조건 적대시하던 신교도 설교자들이 퍼뜨린 것으로, 이들은 앞다투어 미뇽들이 동성애자라고 비난했다.

"호모인 데다 옷차림도 우스꽝스럽군."
"당신 옷차림은 어떻고?"

브랑톰에 따르면 '잠자리 미뇽들'은 왕의 총애를 받아 하룻밤을 왕의 침실에서 보낼 수 있는 특권을 얻은 사람들이다. 이는 왕이 충실한 신하에게 보답하는 방식으로, 그전부터 있었던 일이다.

왕의 잠옷 파티

미뇽들은 얼굴에 분을 바르고 화장을 하고 머리카락을 곱슬곱슬 말며, 옷에 레이스를 달고 귀고리를 차고 커다란 주름 장식깃을 착용했다. 이런 여성스러운 치장 때문에 놀림을 받았다.

"신경 쓰지 마. 우릴 질투해서 그러는 거야."
"호호호호!"

왕이 동성애자라는 증거는 없다. 그리고 왕한테는 여자 애인이 많았다.

"어… 실례합니다, 전하."
"저 아직 여기 있어요… 그러니까 어제 잠옷 파티가 있었고…"

† '귀염둥이'라는 뜻.

베아른 사람 앙리 4세는 동성애자로 의심받을 여지가 전혀 없다. 그는 맛난 음식과 아름다운 여자를 노골적으로 밝히는 향락주의자였다. 그는 나이가 들어서도 여자를 밝히고 애인들과 열렬히 사랑을 나누어 '호색한'으로 불렸다. 알려진 바로는 그는 73명의 공식 애인을 두었고, 이 여자들에게서 난 스물두 명의 자식이 궁궐에서 지냈다.

그는 열여덟 살에 네라크의 정원사 딸 드 플뢰레트와 사랑에 빠졌고…

마르고 여왕의 들러리한테 반했고…

예식이 끝날 때까지 기다릴 수도 있을 텐데요, 앙리.

가브리엘 데스트레는 그가 가장 사랑한 여인이었다.

당신 그러는 거 싫더라!

이 난봉꾼은 어떤 여자도 마다하지 않았다.
농부아낙네

부르주아 부인

후작 부인

자기 사촌

수녀

매춘부까지

앙리 4세는 마음에 드는 여자가 보이면 지체 없이 말에서 내렸고…

그 자리에서 일을 치렀다. 땅바닥에서, 벽에 기대어, 외양간에서.

첫! 도착하려면 한참 멀었군!

사실인지는 확실치 않지만, 그는 변명을 하느라 자기 성기에 대해 이렇게 말했다고 한다.

마흔 살이 될 때까지

그게 뼈인 줄 알았다니까요!

레오나르도, 미켈란젤로, 그리고 섹스

레오나르도 다빈치는 르네상스 시대 최고의 지성 중 한 사람이다. 그는 인본주의 예술가의 모범으로서 화가, 조각가, 무기 발명가, 건축가, 철학자, 작가 등 여러 직함을 지녔다. 그의 〈모나리자〉는 서양 회화에서 중요한 작품이다.

배트맨의 주인공한테 영감을 준 것도 바로 그 사람이지!

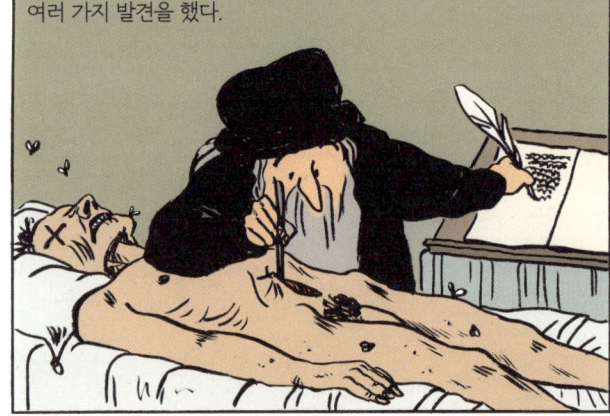

그런데 그가 15세기 최초의 해부학자 중 한 명이라는 사실은 덜 알려져 있다. 그는 인체를 더 잘 그리려고 여러 차례 사체를 해부해 연구했다. 레오나르도는 관찰하고 해부하고 그림으로 그리면서 일찍이 여러 가지 발견을 했다.

먼저 태아와 임신한 여자의 신체 구조를 최초로 알아냈다.

저게 저 안에 어떻게 들어갔을까?

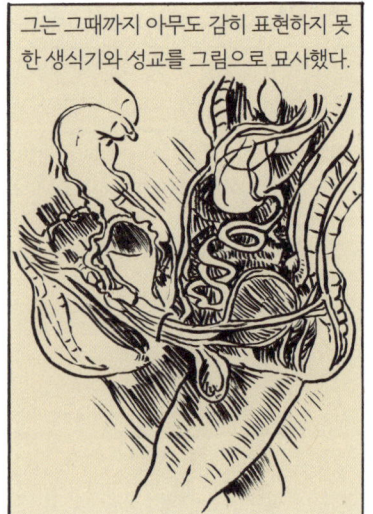

그는 그때까지 아무도 감히 표현하지 못한 생식기와 성교를 그림으로 묘사했다.

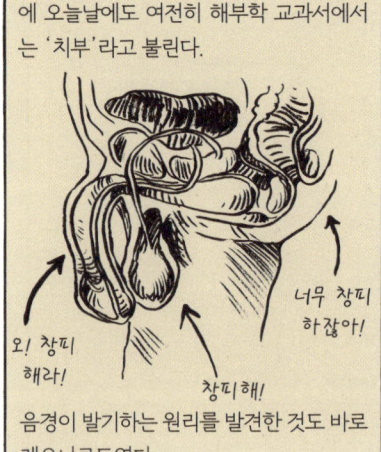

생식기는 함부로 내세울 만한 곳이 아니기에 오늘날에도 여전히 해부학 교과서에서는 '치부'라고 불린다.

오! 창피해라!

너무 창피하잖아!

창피해!

음경이 발기하는 원리를 발견한 것도 바로 레오나르도였다.

그는 성욕이 일면 음경이 피로 가득 찬다고 설명한다. 아리스토텔레스 이후 모든 사람이 폐에서 나오는 공기로 음경이 부풀어 오른다고 생각했는데 말이다!

알았어요! 알았어! 음경하고 폐 사이에 관을 하나 그려 넣으면 되잖아요!

프로이트는 레오나르도가 동성애적 충동을 예술로 승화했다고 말한다. 프로이트는 자신의 동성애 충동을 투사해 이런 설명을 한 것 같다.

레오나르도와 미켈란젤로는 당시에 많은 남자가 그랬듯 평생 동안 남성들과 우정을 유지하며 동성애를 나누었는데, 이 사실은 오랫동안 감추어져 왔다.

르네상스 초기에, 특히 이탈리아에서는 문학과 회화, 조각에서 소년에 대한 사랑이 중요하게 다루어졌다. 하지만 계몽주의 시대에 이르면 이런 행위는 탄압을 받는다.

옷은 남성적 매력을 강조한다. 옷이 다리에 꽉 끼어 엉덩이의 둥근 윤곽과 성기를 도드라져 보이게 하며, 어깨와 허리를 강조한다.

미켈란젤로는 남성의 몸에 열광하며, 여기에 자신의 작품과 인생을 바쳤다.

스물네 살에 레오나르도는, 누명일 가능성이 많지만 '능동적 항문 성교'를 했다는 이유로 유죄 판결을 받고 감옥에 갇혔다.

그리고 그는 평생 동안 젊은 미남자들, 그러니까 살라이, 뒤이어 프란체스코 멜지의 연인으로 지냈다.

미켈란젤로는 조수나 모델, 침대를 함께 쓰는 친구 등 젊은 소년들에 둘러싸여 지냈다.

그러다 건축가 지망생인 젊은 로마 귀족 토마소 카발리에리와 생을 마칠 때까지 오랫동안 열렬한 애정을 나누었다.

레오나르도와 미켈란젤로가 심하게 탄압받지 않은 것은 당연히 그들의 명성 덕분이었다.

콘돔

15세기는 크리스토퍼 콜럼버스의 항해사들이 1493년에 귀환하며 막을 내렸다.

그들은 짐 꾸러미와 함께 매독을 가져왔다.

"안녕! 나는 매독이야. 당신의 평생 친구!"

매독의 기원에 대해서는 견해가 분분했는데, 얼마 전 미국 애틀랜타주에 있는 대학의 크리스틴 하퍼 교수가 유전자 연구로 그 기원을 밝혀냈다. 유럽에서 1495년에 최초로 발견된 트레포네마속 세균(매독을 일으키는 세균)은 예전에 남아메리카에서 발견된 세포에서 갈라져 나온 것이었다.

콜럼버스 항해사들이 귀환한 지 2년 후, 유럽에는 이 끔찍한 전염병이 번졌다.

이탈리아 전쟁으로 전염병은 더욱 빨리 퍼졌다. 이 전염병을 이탈리아인들은 '프랑스 병'이라고 불렀고, 프랑스인들은 '나폴리 병'이라고 불렀다.

"이건 당신 탓이요!"
"아니! 당신 탓이요!"

이를 계기로 1565년에 이탈리아 해부학자 가브리엘레 팔로피오('팔로피오관'이라고도 불리는 나팔관을 발견한 바로 그 사람)는 근대적인 콘돔을 발명한다. '베누스의 장갑'이라 불린 이 콘돔은 수은 용액에 적신 천으로 만든 단순한 주머니다.

"크기는 나를 기준으로 삼았지."

팔로피오의 발명품은 진짜 콘돔이라기보다는 매독성 궤양을 치료하는 일종의 붕대였을지도 모른다.

"어떻소?"
"훨씬 나아진 것 같아요!"

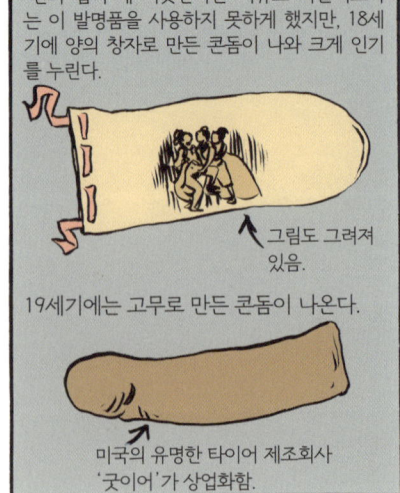

'신의 섭리'에 어긋난다는 이유로 가톨릭교회는 이 발명품을 사용하지 못하게 했지만, 18세기에 양의 창자로 만든 콘돔이 나와 크게 인기를 누린다.

↑ 그림도 그려져 있음.

19세기에는 고무로 만든 콘돔이 나온다.

↑ 미국의 유명한 타이어 제조회사 '굿이어'가 상업화함.

성 불능 법정

가족이 정해준 정략결혼을 한 부부는 결혼생활에 만족하지 못해도 적응해야 했다. 그래서 원치 않는 결혼을 취소하려면 꾀를 낼 수밖에 없다.

억압

† 단지(vase): 당시 여성의 '질'을 이르던 신학 용어.

제8장

저주받은 엠(M)

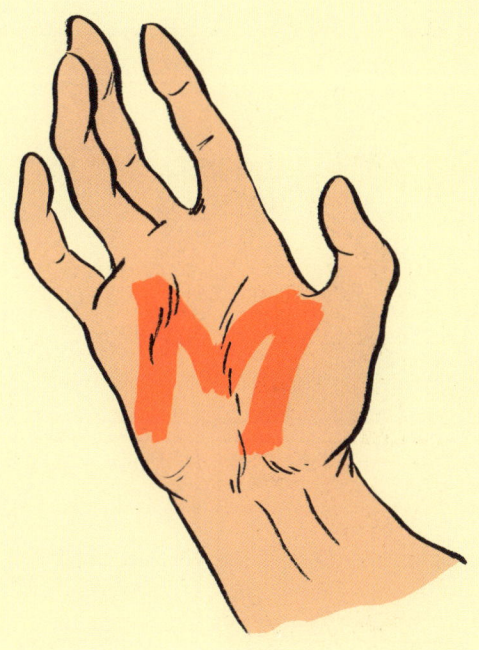

아주 특별한 어떤 이야기에 한 장 전체를 할애하려 한다. 성적 자유가 시작되는 모습과, 언제나처럼 그 뒤를 이은 가톨릭교회와 사회의 억압을 잘 보여주는 이야기이기 때문이다. 바로 자위행위 탄압의 역사다. 17세기에 생식세포가 발견되면서 시작된 이 탄압은 18세기부터 20세기까지 전 유럽에서 맹위를 떨쳤다. 자위를 탄압하는 것은 단순히 성 충동을 억압하는 것을 넘어서, 자유를 열망하는 남녀 개인의 자율성이 커지는 현상에 대한 전통 사회의 반발이었다.

17세기 초 네덜란드는 고품질 광학기기로 유명했다. 앞으로 이어질 발견이 전부 유럽의 이 지역에서 이루어지는 것도 이 때문이다.

1604년 암스테르담에서 자하리아스 얀센은 현미경을 발명했다.

그로부터 60년 후 네덜란드의 델프트에서 드 그라프가 여성 생식세포인 난소의 난포를 발견했다.

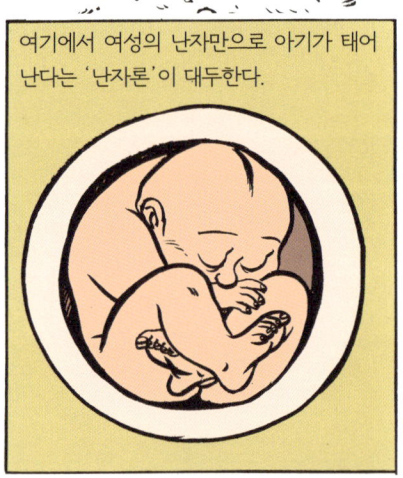

여기에서 여성의 난자만으로 아기가 태어난다는 '난자론'이 대두한다.

그러니까 여자 혼자 인간을 탄생시킨다는 것이다. 남성 지배가 강한 당시 유럽에서 이 이론은 거센 반발에 부딪혔다.

다행히도 15년 후 역시 네덜란드에서 안톤 판 레이우엔훅이 정자를 발견했다!

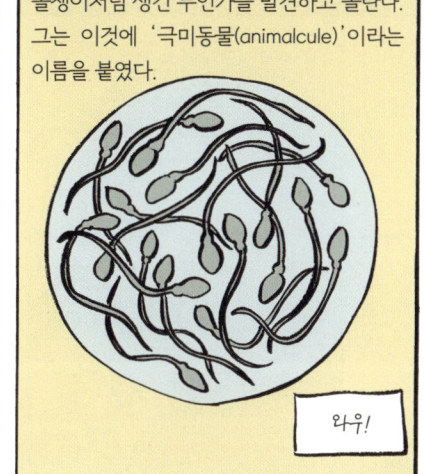

이 시기에 유럽에서는 박물학자(당시의 생물학자들)이 성에 대한 의문을 제기하기 시작했다. 1675년에는 개방적인 도시 암스테르담에서 니콜라스 베네트의 《부부 사랑 개론》이 출간되었다. 이 프랑스 의사는 남녀 간의 사랑과 관계에 관한 온갖 주제를 다루면서, 자위에 대한 금기는 전혀 거론하지 않았다. 그는 자유로운 애정생활을 하려면 성 충동을 맘껏 표출할 수 있어야 한다고 주장했다. 최초의 성과학 개론서인 이 책은 가명으로 출간되었는데도 불구하고 프랑스에서 금서가 되었다.

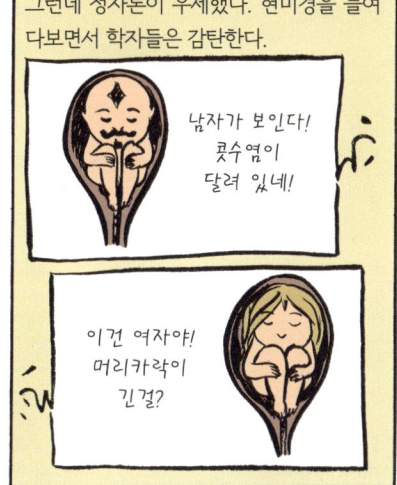

탄압

자위를 금지한 최초의 사례는 18세기 초 북유럽에서 나타난다. 이는 한 루터파 설교자의 영향으로 시작되는데 이 사람은 훗날 영국에서 강의한다. 처음에 이것은 신교도의 금지사항이었다.

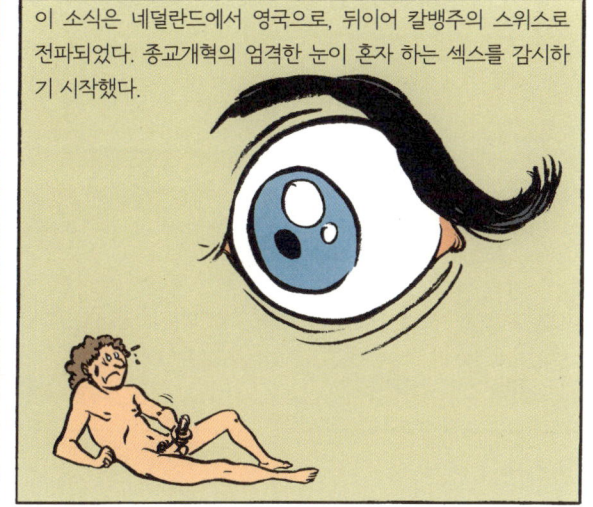

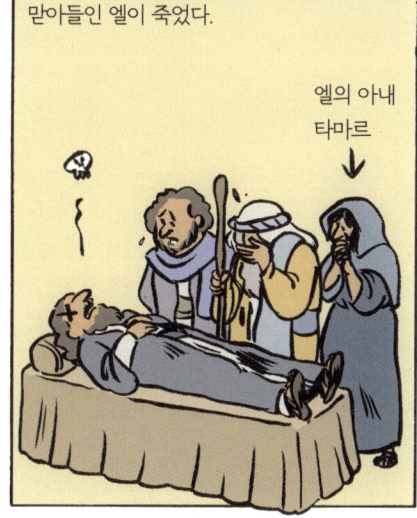

† 서구에서는 예부터 오르가슴을 '작은 죽음'이라고 불렀다.

이스라엘의 수혼법에 따라 차남인 오난은 자신의 형수, 그러니까 엘의 아내와 성교를 해야 했다.

"형이든 나든 마찬가지 아냐?"

하지만 법에 따라 이 결합에서 태어난 아이는 엘의 자녀가 된다.

"뭐라고?!"

"네 말이 맞아. 네 형이나 너나 마찬가지잖아."

태어날 아이가 형의 자녀가 되는 것을 원치 않은 오난은 사정하기 전에 음경을 질에서 빼내 정액을 무용지물로 만들었다.

"네가 시트를 더럽혔잖아!"

하느님은 이 일을 못 마땅하게 여겨서 오난을 죽였다.

"네놈이 시트를 더럽혔겠다!"

여기에서 오난의 죄는 자위가 아니라 성교 중절(질외 사정)이다. 최초의 피임법인 성교 중절은 오난이 만들어낸 것이다!

자위를 '오나니슴'이라고 부르고 성경이 자위를 금지한다고 주장함으로써, 사춘기 소년에게서 막 생기기 시작한 성 충동을 통제하는 일은 어렵지 않았다. 그리하여 성숙한 성생활을 위해 필요한 더없이 정상적이고 유용한 성행동이 두 세기에 걸쳐 탄압받는다.

뒤이어 이 탄압을 이어간 사람은 스위스 로잔의 의사 티소다. 천연두 치료법으로 유럽에서 명성을 떨친 티소는 1758년에 《자위 때문에 생기는 질병에 관한 에세이》를 출간했다. 이 책은 20세기 초까지 재판을 거듭하며 큰 성공을 거두었다.

"이게 베스트셀러가 아니면 뭐겠어!"

이 책에는 자위라는 수치스러운 행위로부터 생기는 무시무시한 폐해가 적혀 있다. "시계 제조공 L. D.는 매우 건강했다. 하지만 열일곱 살부터 자위를 시작했고 이 나쁜 짓을 하루에 세 번까지 했다!"

"L.D.! 자네 뭐 하나?"

"어 그러니까… 지금… 시계추를 감고 있어요!"

걱정이 된 티소는 그의 집으로 가본다. 그랬더니 그 젊은이는 무척 허약해져서 꼼짝도 못 하는 상태였다. "비쩍 마르고 창백해진 그는 살아 있는 사람이라기보다는 누워 있는 송장이었다. 그는 그 타락한 짓에 온 정신이 팔려서 다른 생각은 전혀 할 수 없었다.

"딸딸이…"

병이 너무 깊어져 있어 그는 몇 주 후에 죽었다."

고인의 명복을 빕니다.
~L.D.~
딸딸이를 너무 쳐서 사망

이런 절망적인 이미지는 이후 몇 세기에 걸쳐 청소년을 겁주어 그들이 성에 입문하는 자연스러운 도구를 사용하지 못하게 만들었다.

티소의 치료법으로 자위는 이제 그만!

과도한 억압과 가학적인 치료법

유럽 전 지역에서 자위에 대한 탄압이 시작되었다.

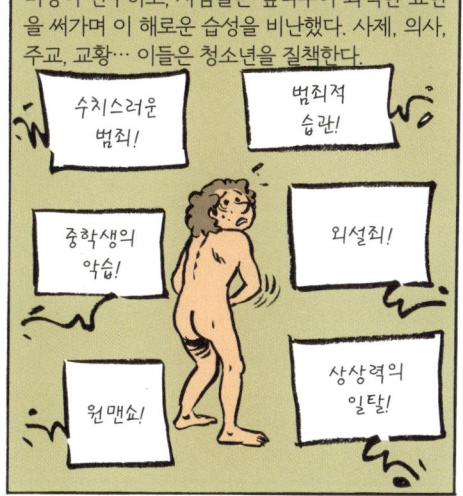

쾌락에 있어서 여성이 자급자족한다는 건 독립적이 됨을 뜻하는데, 이는 남자들의 입맛에 맞지 않는다.

"그러면 여자들은 자기 몸을 문지르고 채소나 양초, 수정이나 코르크로 된 병마개 따위를 사용한다."

자위행위에 못지않게 상상하는 것도 큰 죄라고 비난받는다.

이보다 더 큰 죄는 "감히 교회에서 섹스에 대해 생각하고 심지어 섹스를 하는 것이다!"

섹스에 관한 것은 아무리 사소한 일도 비난받아 마땅한 일이 되었다. 그리고 이런 식으로 병을 만들어냈으니 그 치료법도 찾아내야 했다. 수 세기에 걸쳐 여러 치료법이 고안되는데, 하나같이 기발하고 사악하고 가학적이고 변태적이다.

일단 이 가증스러운 죄를 고백해야 한다. 고해신부는 관음증 환자처럼 집요하게 질문하면서 모든 것을 알아내고 자백을 받아내려 한다.

그런 다음 각종 물약과 약품으로 치료한다. 사람들은 정숙함을 지키려고 녹나무에서 채취한 장뇌와 수련을 침대에 두었다. 그런 다음 성기 부위에 거머리를 붙였다. 성기를 진정시키기 위해서 말이다!

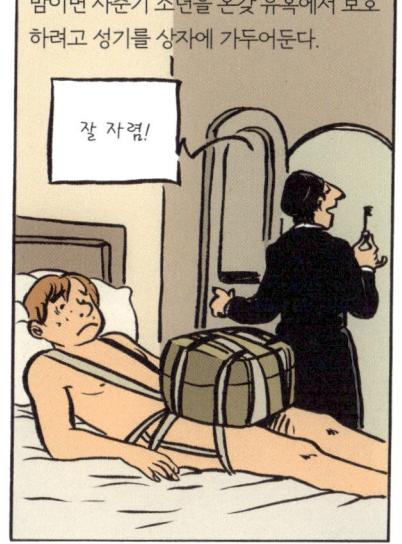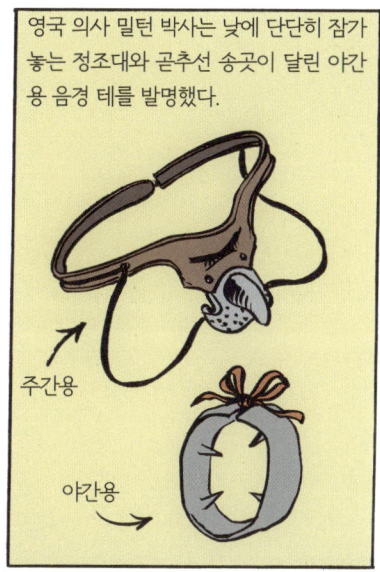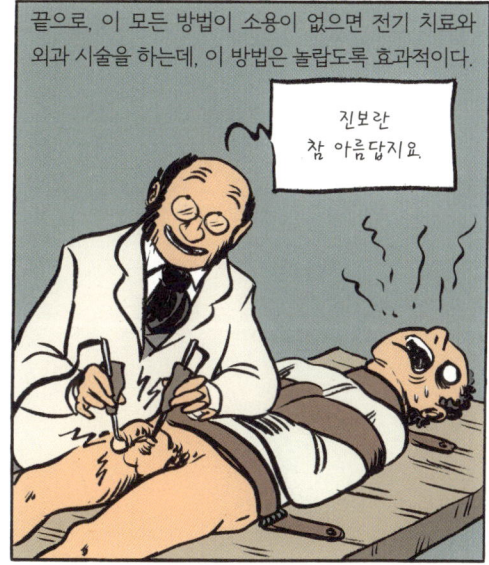

장밋빛 측면

다행히도 이 과정의 초기부터 다른 목소리가 존재했다.

먼저 디드로는 조심스럽게 '부드러운 것'과… '달콤한 순간'에 대해서 말했다.

18세기의 다른 위대한 호색가들, 그중에서도 27년을 감옥에서 보냈기에 자위 애호가일 수밖에 없던 사드 후작과 마찬가지로 말이다.

적어도 나는 내 작품을 읽으면서 딸딸이를 칠 수 있지.

그러다 20세기 후반에 들어 근대 성과학에 의해 자위의 여러 가지 미덕이 입증된다. 자위는 한 개인이 성애를 구축하는 데 매우 중요한 요소로, 평생 동안 성적으로 성숙하고 성욕을 유지하게 해준다.

자위행위는 남자뿐 아니라 여자에게도 반드시 필요하다. 자위가 그토록 박해받은 것은 분명히 사람들이 그 중요성을 예감했기 때문이었을 것이다.

그러니 여러분, 자위를 하세요!

제9장

계몽주의와 억압, 성적 방탕

계몽주의 시대는 유럽에서 진정한 근대가 시작된 시기다. 이 시기에 지식은 폭발적으로 증가하고 비판적 정신이 탄생했다.

몽테스키외, 볼테르, 루소, 흄, 괴테, 콩도르세는 세상에 대해 사유하고,

디드로와 달랑베르는 《백과전서》를 썼다.

아이작 뉴턴과 벤저민 프랭클린은 물리학을, 바흐와 모차르트는 음악을 혁신했다.

철학자, 작가, 과학자, 예술가… 이들은 자유로운 사상의 기초를 세우고, 앙시앙 레짐† 시기의 금기와 거리를 두었다. 왕권과 종교가 비판받고, 새로운 생각이 자리 잡았다. 이 세기는 프랑스 혁명으로 막을 내렸다.

혁명은 풍속에서도 일어났다. 혁명은 남녀의 마음속에 자리 잡고 기존 질서를 뒤흔들었다. 가톨릭교회는 이제 막 생긴 연애결혼을 탄압하며 가족에 대한 교회의 지배력을 되찾으려 했다. 계몽주의 시대는 역설의 시대였다. 자유를 향해 진보하는 동시에, 성에 대한 억압(자위행위와 동성애 억압)이 심해졌다. 한편 어떤 이들은 성적으로 방탕한 생활을 맘껏 누렸다.

† 프랑스 혁명 이전의 구체제.

서민의 결혼식

연애결혼은 가족 내에서 힘겹게 정착했다. 당시 프랑스 인구의 80퍼센트를 차지하던 농촌 사회의 사람들은 스스로 배우자를 선택하기 시작했다. 가족의 재산이 '보잘것없으면' 사랑해서 배우자를 선택할 자유가 당연히 더 컸다.

소오와 노에는 지난해 여름에 추수를 하다가 만났다. 소오 보스케는 마구 제조인의 딸이고, 노에 부르주아는 에스클라퐁빌 농장 작업 감독인의 아들이다.

두 사람은 서로 마음에 들어서 결혼을 약속했고, 부모도 허락했다.

결혼식은 올 겨울에 열릴 예정이다. 사람들은 농사일이 바쁜 여름에는 절대로 결혼하지 않는다.

신부는 붉은 옷(항상 선명한 색깔의 옷)을 입는다. 가슴 부분은 하얀 앞치마로 가린다. 신부는 자기 아버지와 팔짱을 끼고 교회로 향하는 행렬의 맨 앞에 선다.

결혼 잔치는 밤늦게까지 이어진다. 신혼부부가 먼저 자리를 뜬다.

신부는 겁에 질린 채, 대체로 거칠게 달려드는 신랑을 상대해야 한다. 남편은 하녀나 매춘부와의 성 경험을 스스럼없이 자랑한다.

다음 날 아침 일찍 사람들이 신랑신부의 침실로 몰려와 침대 시트를 검사한다.

그런 다음 시트를 창문에 내걸어 이웃에게 알린다. 신부가 숫처녀였고, 신랑이 성적 능력이 있음을 입증하는 것이다.

소오와 노에는 이렇게 남편과 아내로 인정받아 행복하다.

끈 묶기

남자가 정력을 입증하는 것은 무척 중요했다. 노에는 걱정거리가 있다. 결혼식 때 '끈 묶기' 주술에 걸려 첫날밤을 망칠 수 있기 때문이다.

† Ach, scheiss. 독일어로 '이런, 제길' 정도의 뜻. 마리 앙투아네트의 모국어는 독일어였다.

결혼과 자녀

결혼을 하면 가족과 지인들은 보통 그해 안에 기쁜 소식이 들리기를 기대한다.

잡거와 피임

이 시대에는 보통 온 식구가 방 하나 또는 둘을 함께 쓰는 일이 많았다.

침실과 침대에는 남자와 여자, 아이들, 형제자매, 주인과 하인이 모두 뒤엉켜 잔다. 그러다 보니 성에 일찍 눈뜨고, 성적 학대가 이루어지곤 했다. 주인이 소유권을 행사한다는 '권리' 개념 때문에 하인에 대한 성적 착취가 쉽게 이루어졌다.

젊은 여성에게 강간은 일상적으로 겪는 일이었다. 하지만 이런 판결이 내려졌다. "그 어떤 성인 여자도 자신의 의지에 반해서 강간당할 수 없다는 사실이 증명되었다." 그러니 강간의 책임이 여자에게 있다는 것이다!

비좁은 공간에서 잡거 생활을 하다 보니 젊은 부부가 내밀한 성생활을 하는 건 거의 불가능했다.

성적 쾌락은 수치스러운 것이 되었다. 이는 금기시되고 '부부 잠옷'이라는 게 만들어졌다. 이 옷에는 구멍이 하나 나 있어서, 배우자에게 알몸을 보여주지 않고도 성행위를 할 수 있다.

교회는 성적 쾌락과 죄가 되는 행위(자위)를 집요하게 비난했다. 이는 고해소의 '불길한 비밀'이었다. 대죄인 낙태를 저지르면 영원히 지옥에 떨어지는 벌을 받는다. 16세기에 낙태를 했다고 입증된 여자는 살인죄로 사형 선고를 받았고, 18세기에는 감옥에 갇혔다.

하지만 낙태는 비밀리에 이루어졌고, 그 결과는 처참했다. 바늘이나 고수풀을 이용해 '아이를 쏟아냈는데' 가장 큰 피해자는 여성이었다.

18세기 말에 이르면 풍속이 진화해서 '자녀를 거부'하는 일이 흔해졌다. 성교 중절은 일반적인 피임법이 되고, 출산은 점점 뜸하게 이루어진다.

상류 사회의 풍속

계몽주의 시대는 성적으로 자유분방한 시기였다. 루이 15세의 궁정에서 특히 그랬다.

부르주아와 하급 귀족 계층에서 결혼은 언제나 가족의 일이다. 아버지는 자녀의 감정과 상관없이 며느리와 사위를 골랐다. 결혼은 너무도 중대한 일이므로 여기에 사랑이 끼어들 틈이 없다.

"아버지, 나를 아무개 아가씨랑 결혼시키신다는 게 사실이에요?"

"아들아, 남의 일엔 신경 꺼라."

상류 귀족의 풍습은 완전히 달랐다. 루이 15세의 궁정에서는 연애가 끊이지 않았다. 문학 살롱에서 귀족들은 지성을 쌓고 작가와 철학자들은 토론을 했다.

바토는 남녀가 어울려 즐기는 모습을 그리고

프랑수아 부셰는 황홀한 나신을 그렸다.

귀족들은 파리 오페라극장의 무희나 코메디프랑세즈 극장의 여배우들과 교류했다. 이들은 베르사유 궁의 '거울의 방'에서 만나고, 정원에서 맘껏 어울리고, 사냥을 위한 별채에서 섹스를 했다.

곧바로 나타난 결과: 매독이 성기에서 성기로 옮아가며 창궐한다. 생시몽은 이렇게 말했다.

"르 뒤크 씨가 드 프리 부인한테 매독을 옮겼다.

드 프리 부인은 드 리브리 씨에게,

드 리브리 씨는 자기 아내에게 매독을 옮겼다.

드 리브리 씨의 아내는 라 페로니에게 매독을 옮겼다. 그러면

훌륭한 의사인 라 페로니가 이 모든 사람을 치료해줄 것이다!"

16세기부터 20세기까지 500년 가까이 매독은 너무도 많은 희생자를 냈다. 많은 위대한 인물이 매독으로 죽었다. 오늘날 우리는 그들이 매독의 희생자임을 잊어버렸다. 프랑수아 1세와 앙리 8세, 루이 14세, 나폴레옹의 공통점은 무엇일까요?

매독!

수선화와 비데

계몽주의 시대는 근대로 가는 전환점이었다.

화려한 베르사유 궁전은 유럽 전체에서 부러움을 사는 왕의 거처였다.

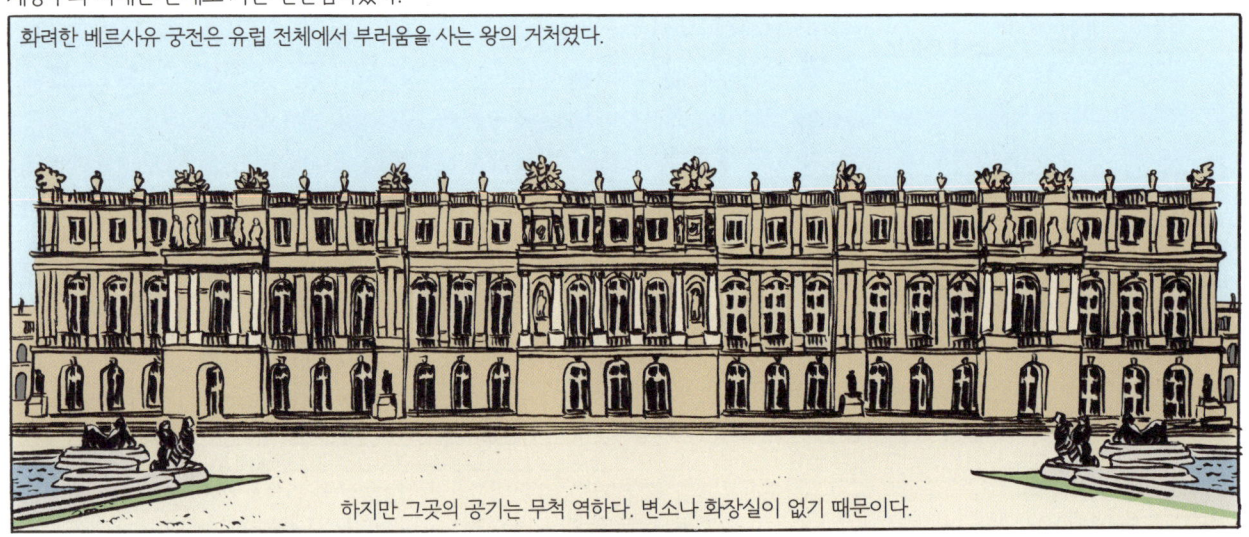

하지만 그곳의 공기는 무척 역하다. 변소나 화장실이 없기 때문이다.

복도, 궁궐 내부, 통로는 오줌과 똥으로 가득하다.

사람들은 그 자리에서 오줌과 똥을 싼다! 악취가 풍기는 이 풍경의 대미를 장식하는 것은 이곳저곳에서 고여 썩어가는 물웅덩이다.

이 때문에 향수가 발달했다. 궁정 사람들은 향수를 뿌렸고, 라벤더와 수선화 향 주머니를 단 채, 향이 나는 장갑과 부채를 들고 다녔다.

알랭 코르뱅은 이런 유명한 말을 남겼다. 악취는 수선화에게 자리를 양보했다고.

그전에는 똥냄새가 났는데…

이제는 똥냄새랑 수선화 향이 나지요!

그리고 향수는 사랑을 불러일으킨다.

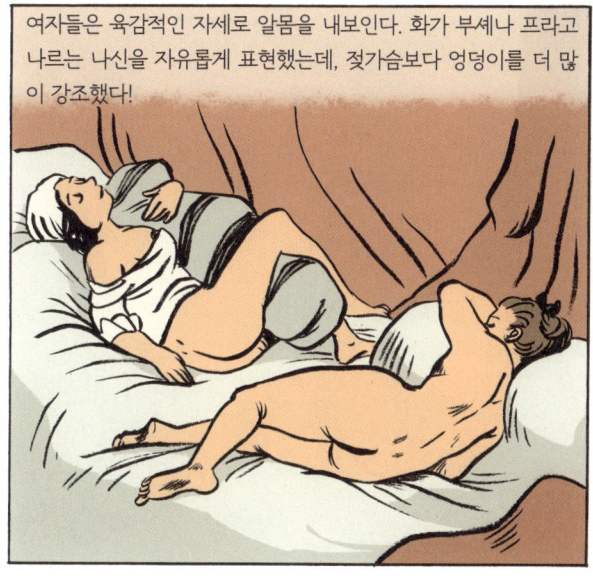

예술과 섹스, 문학

살롱에서 시인과 작가, 철학자 들은 사랑에 대해 논했다. 이 귀족 사회에서는 풍요와 특권, 세련됨과 성적 방탕이 한데 뒤섞였다.

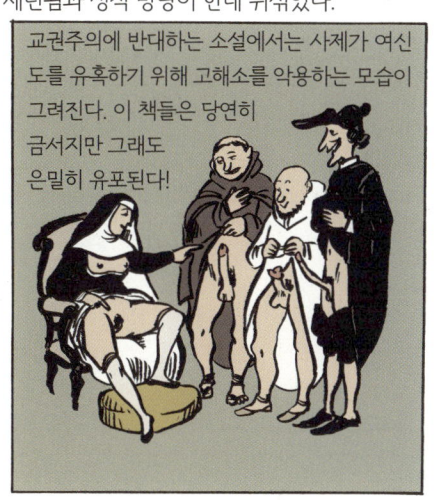

계몽주의 시대의 위대한 인물, 유명한 바람둥이들은 후대에까지 그 이름을 남긴다. 바람둥이 카사노바, 성 도착자 사드 후작 도나시앵, 복장 도착자 스파이 슈발리에 데옹이 그들이다.

† 코메디아(Commedia)는 '희곡' 또는 '희극'이라는 뜻. 지금은 말리피에로 거리(Calle Malipiero)로 이름이 바뀌었다.

† 이탈리아어 '피옴비(Piombi)'는 납이라는 뜻이다. 지붕이 납판으로 뒤덮인 두칼레 궁전의 꼭대기 층에 있는 이 감옥은 더위와 추위로 악명 높은 곳이었다.

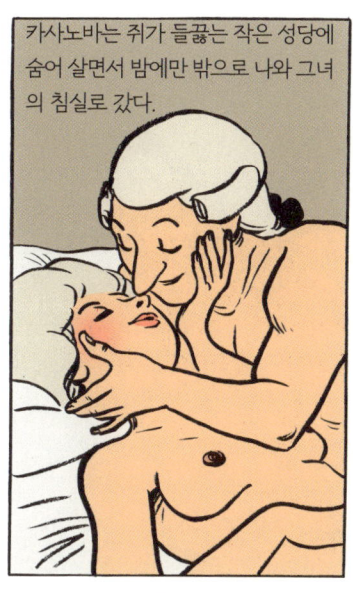

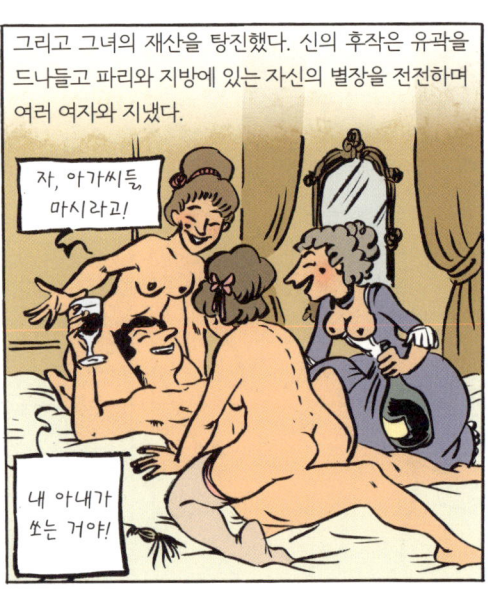

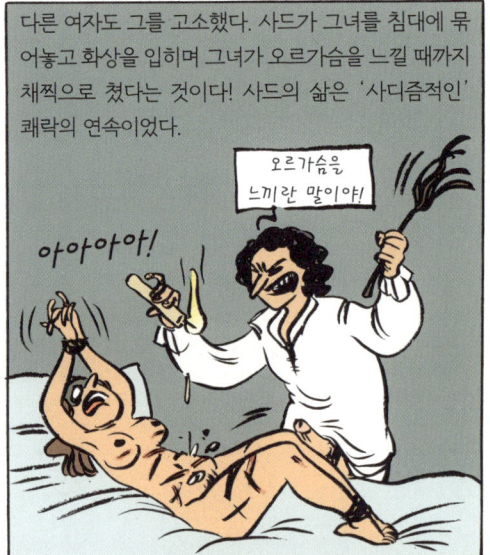

1777년에 사드 후작은 또다시 체포되어 뱅센 감옥의 탑에 갇혔다가 바스티유 감옥으로 이송되고, 1789년 7월 4일에 샤랑통 정신병원으로 이송되었다. 프랑스 혁명이 일어나기 겨우 며칠 전에 말이다.

사랑과 모험이 가득한 삶을 살다가, 13년 동안 갇혀 지내면서 그는 자신의 생각을 차근차근 글로 적었다.

그리하여 사드는 상상의 세계에서 자신의 도착적인 성 충동의 배출구를 찾아냈다. 그는 《쥐스틴》과 《소돔의 120일》에서 에로티시즘과 사디즘적 폭력을 묘사하는데, 이는 오늘날까지 여전히 그의 이름과 연결되어 남아 있다.

슈발리에 데옹이라고도 불리는 **샤를 드 보몽**은 1728년에 파리 고등법원 변호사의 아들로 태어났다.

역시 변호사가 된 그는 루이 15세를 위한 스파이 조직 '왕의 비밀'에 의해 발탁되었다.

그는 러시아 궁정에서 프랑스 대사관의 비서관으로 근무할 때, 리아 드 보몽이라는 이름의 여자로 활동했다. 그는 남자로서 전쟁에 참전하고, 그런 다음 런던으로 떠나 자신은 평생 동안 여자였다고 주장한다.

사람들은 그가 미쳤으며, 양성구유자이거나 남자 또는 여자라고 말했다! 루이 16세의 궁정에서도 여장을 한 그는 파리의 명사들에게 호기심의 대상이었다.

그는 항상 여장을 한 채 런던과 파리를 오가며, 여러 결투에서 펜싱 실력을 한껏 발휘하다 81세에 가난하게 죽었다.

사후에 그가 신체적으로 남자였음이 밝혀졌지만, 여자로 살고자 한 그의 의지 때문에 다른 성의 옷차림을 하려는 욕구를 그의 이름을 따서 '에오니즘'이라고 부르게 되었다. 그가 신체적 성별과 다른 성 정체성을 가졌다고 굳게 믿는 성전환증자였을 가능성도 배제할 수 없다.

총재정부 시대의 자유

1789년에 나체가 길거리로 나온다.

상퀼로트(sans-culotte)†들은 아름다운 귀부인들의 치마를 들치고 애국적인 마음을 담아 그 아름다운 엉덩이를 때린다. 계몽주의 시대의 기품 있는 에로티시즘은 음란함에 자리를 내준다.

공포와 공개 처형으로 점철된 3년이 흐른 후 총재정부하의 광기 어린 분위기에서 세기의 막이 내린다. 새로운 전망, 새로운 부자, 새로운 풍습과 함께 새 시대가 열리는 것처럼 보인다. 이때는 조금 미친 듯한 시기, 기발한 옷차림으로 사람들을 놀라게 한 젊은 남녀 앵크루아야블과 메르베이외즈들의 시대다. 이는 바로 직전의 무시무시한 시대에 대한 반작용이었다.

파리에서 풍속은 느슨해지고, 축제와 무도회가 수없이 벌어질 뿐 아니라 매춘이 성행했다.

짧은 시기 동안 동성애는 숨김없이 자유롭게 표현되었다.

자유분방한 여자들은 과감히 신체를 노출했다. 메르베이외즈 가운데 가장 유명한 탈리앵 부인은 속에 아무것도 입지 않은 채 몸에 착 달라붙고 속이 비치는 원피스를 입고 샹젤리제 거리를 활보한다. 어떤 여자들은 과감히 가슴을 내놓고 다닌다.

이 시기 나폴레옹은 이집트 원정 중에 아내 조제핀에게 이 유명한 말을 적어 보냈다.

그런데 이집트에서 프랑스로 돌아오려면 상당한 시간이 걸렸으니!

하지만 총재정부 시기의 신선한 바람은 1795년부터 1799년까지 4년밖에 지속되지 않았다. 자유로운 시기가 지나자 억압의 시기가 왔다. 뒤이은 나폴레옹 통치하의 통령정부는 사회를 정치적, 도덕적으로 통제했다.

† 프랑스 혁명기의 민중세력을 가리키는 말이다. 귀족이 입는 퀼로트(반바지)를 입지 않은 사람, 즉 근로자라는 뜻이다. 퀼로트에는 여자의 '속바지'라는 뜻도 있다.

제10장

19세기, 고지식한 사람들과 매춘

† 프랑스어로 '엉덩이에 빗자루가 꽂혀 있다.'라는 말은 뻣뻣하거나 거만하고 꽉 막힌 사람을 묘사하는 속된 표현이다.

여자를 밝히는 황제

나폴레옹은 군사적 야망 못지않게 사랑에 있어서도 숨 가쁜 삶을 살았다. 열여섯 살에 장교가 되고, 스물다섯 살에 장군이 되고, 서른 살에 프랑스 통령이 되고, 서른다섯 살에 황제가 된 그는 두 명의 부인과 50명이 넘는 애인을 두었다!

† 훗날 카를 14세가 된다.

위선인가, 지나친 수줍음인가

한 제국이 막을 내리고 다른 제국이 시작된다. 캐나다부터 오스트레일리아에 이르는 광대한 대영제국을 63년 동안 지배한 이 시대는 신교도적 엄숙함을 강요한 여왕의 이름을 따서 빅토리아 시대로 불리게 된다.

† 빔보(bimbo): 섹시한 외모에 머리 빈 여자를 폄하하는 비속어.

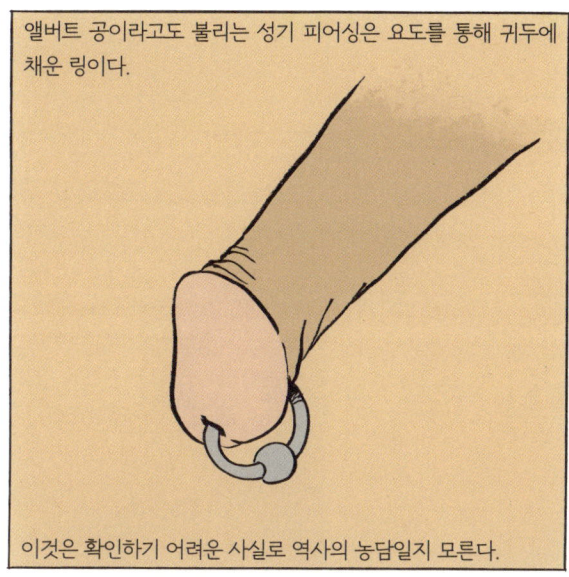

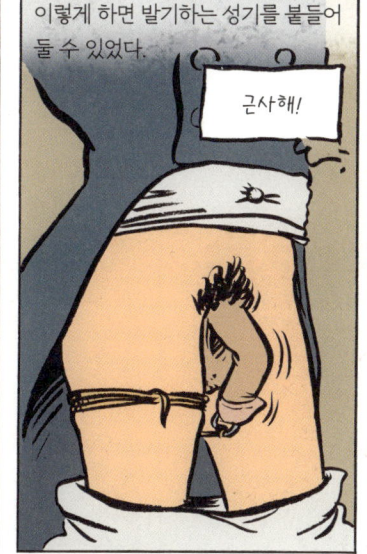

순결함에 대한 숭배

난잡한 품행과 가벼운 성풍속, 매춘이 창궐하는 이 역설의 시기에, 처녀성이 방탕함을 막아주는 방패처럼 등장했다.

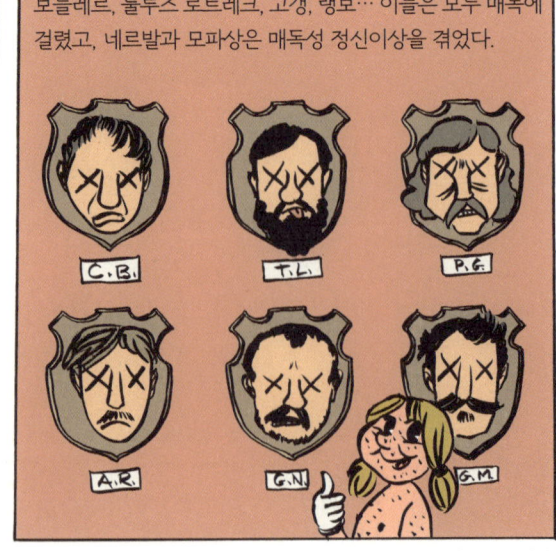

† 프랑스어로 르브레트(levrette). '남자가 여자의 뒤에서 성교하는 체위(후배위)'라는 뜻도 있다.

유곽의 세기

유럽에서 대도시가 발달하면서 제도화된 매춘도 발달했다.

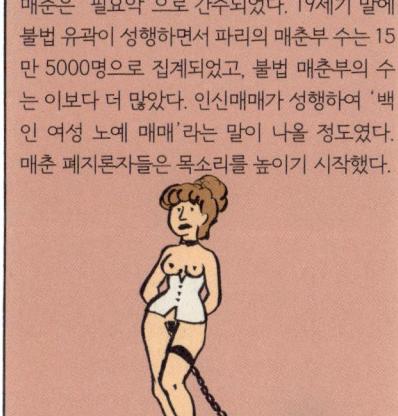

엑조티시즘

이국적인 것에 열광하는 사조는 순진무구한 나체를 기이한 풍습 및 자유로운 성풍속에 결부시켰다.

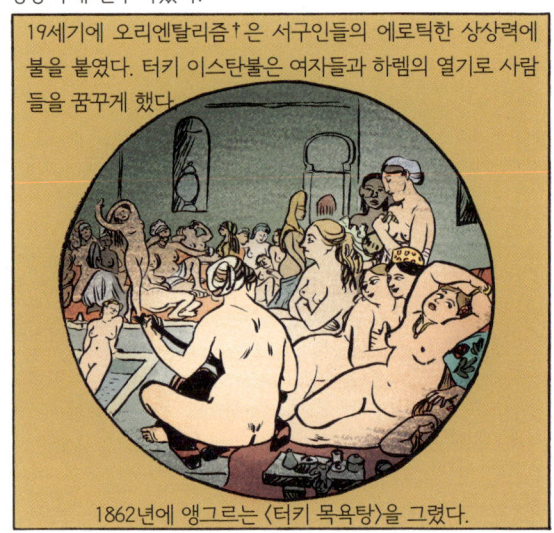

1862년에 앵그르는 〈터키 목욕탕〉을 그렸다.

† 유럽의 문화와 예술에서 나타난 동방 취미 경향.
‡ 산스크리트어로 쓰인 고대 인도의 성애에 관한 경전이자 교과서.

1857년에 보들레르는 시집 《악의 꽃》 때문에 언론의 질타를 받았다. 이 시들은 외설적이라고 판정받아 종교 윤리를 침해하고 미풍양속을 해친다는 이유로 처벌의 대상이 되고 검열된다.

마네는 〈풀밭 위의 점심 식사〉(1863)라는 그림을 전시했다가 사람들의 질타를 받았다.

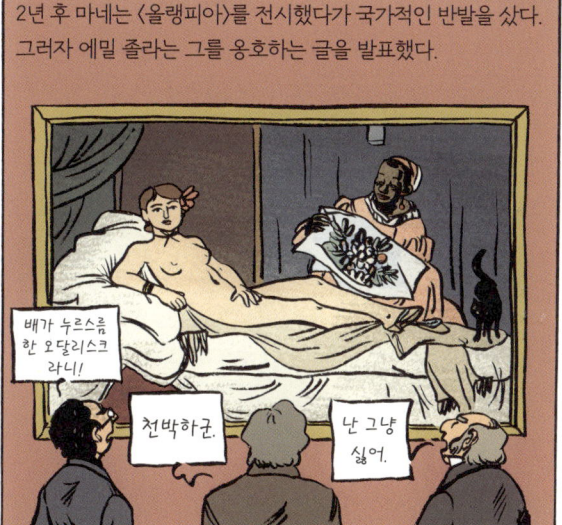

2년 후 마네는 〈올랭피아〉를 전시했다가 국가적인 반발을 샀다. 그러자 에밀 졸라는 그를 옹호하는 글을 발표했다.

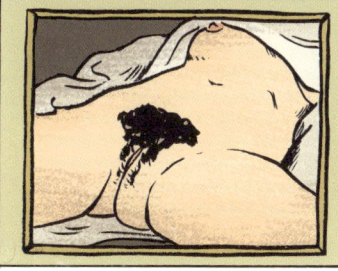

쿠르베의 유명한 그림 〈세상의 기원〉은 1866년에 그려졌지만 아무런 스캔들도 일으키지 않았다. 그림이 한 번도 공개되지 않았기 때문이다.

이 작품을 차례로 소유한 사람들과 그 지인들만 그림을 볼 수 있었다. 하지만 스위스의 블로네 성을 그린 그림 뒤에 숨겨놓고 보아야 했다.

이 시기는 위선적이다. 성을 감추고 다른 그림으로 원래 작품을 가려놓았으며, 선정적인 청동 조각이나 자유롭게 성을 표현한 조각품, 에로틱한 그림을 회중시계 뒷면이나 바닥이 이중으로 된 상자 밑에 숨겨두었다.

이 시기에 프랑스 국립도서관에 '지옥'이란 이름의 서고가 생겼다. 여기에는 음란하고 외설적이라고 간주되거나 금서로 지정된 책들이 보관되었는데, 대중의 열람을 금지했다. 특별 허가를 받은 남자들, 그리고 몇몇 연구자나 저술가들만 이 책들을 볼 수 있었다.

직광

역광

슈퍼맨 위고

빅토르 위고의 연애 생활은 그의 문학작품 활동만큼이나 왕성했다.

빅토르는 열일곱 살에 아델과 첫 키스를 한다. 위고 가족과 푸셰 가족은 같은 건물에 살았고 빅토르와 아델은 어릴 때부터 친구였다. 하지만 위고 부인은 이 결혼을 반대했다.

1821년 빅토르가 열아홉 살 때 어머니가 세상을 떠난다.

예스!

드디어 빅토르는 사랑하는 여인과 결혼해 뜨거운 첫날밤을 보낸다.

아델하고 아홉 번 했지요!

하지만 아델은 미친 듯이 글을 쓰고 사랑을 하는 작가이자 정치가인 남편의 넘치는 정력을 잘 견뎌내지 못한다.

그녀는 6년 동안 임신을 다섯 번 했다. 아델은 자기한테 맞지 않는 성생활을 포기하고 저명한 문학비평가 생트뵈브와 사귄다. 양성구유자인 그는 한심한 연인이었다.

나랑 있으면 지루할 겁니다. 나는 섹스를 거의 안 하거든요.

아 그래요? 완벽해요!

나한테는 당신이 딱 맞아요!

1833년에 서른한 살의 빅토르는 두 살 어린 쥘리에트를 만났다. 두 사람은 50년 동안 연인으로 지내며 4만 통이 넘는 편지와 쪽지를 주고받았다. 이는 현존하는 가장 방대한 연애편지 중 하나다.

나의 토토, 지금 뭐 해?

너한테 편지 쓰지, 나의 쥐쥐!

그러나 둘의 관계는 식상해지고, 위고는 스물두 살이나 어린 레오니와 사랑에 빠졌다.

1845년 7월 5일 아침 여섯 시, 간통 현장에 경찰이 들이닥쳤다. 그러나 레오니만 감옥에 갇혔다. 간통은 여자한테만 적용되는 죄였기 때문이다.

미안.

하지만 새로운 여자를 정복하는 것으로 에너지를 얻는 빅토르의 열정은 멈추지 않았다. 늙은 사자 빅토르는 여든 살이 넘어 죽을 때까지 내연녀를 두었다.

그러고 보니 여자가 엄청 많았네!

슈퍼우먼 조르주

오로르 뒤팽은 1804년에 태어났다.

그녀의 모델은 사촌 할머니 루이즈 뒤팽이었다. 루이즈 뒤팽은 계몽주의 시대에 파리에서 문학 살롱을 열었고 볼테르, 마리보, 몽테스키외와 교류했다.

어린 나이에 카시미르 뒤드방과 결혼한 오로르는 스물네 살에 첫사랑 오렐리앙과 사귀며 삶에 눈뜨게 된다.

와우! 섹스란 게 이런 거였구나!

그러게….

뒤이어 어린 시절 친구인 스테판과 사귄다.

여자로서의 자유를 발견한 오로르는 남편과 이혼했다.

여보, 별거라니 그게 무슨 뜻이오?

더 이상 섹스도 안 하고 같이 살지도 않지만, 신 앞에서는 쿨린하다는 뜻이죠.

1830년에 7월 혁명이 일어나 파리가 "자유 만세!"를 외치는 며칠 동안, 그녀는 쥘 상도를 만났다. 두 사람은 모두 작가였다. 그들은 연인이 되어 낭만적인 보헤미안의 삶을 산다.

이봐요! 어이!

우리가 당신들 너무 방해하는 거 아니요?

오로르는 머리카락을 짧게 자르고 '남장 허가'를 받아 (그녀 말에 따르면 돈이 덜 드는) 남자 옷을 입고 다녔다. 그리고 조르주라는 이름과 애인의 성 일부를 취해 조르주 상드라는 필명을 썼다. 그녀는 여성을 "영원한 미성년자로 만드는 조건"인 결혼에 맞서 싸웠다.

결혼이 여자한테서 빼앗아간 시민권을 여자에게 돌려주어야 합니다.

조르주 상드는 열정적인 삶을 살았다. 여러 명의 애인을 두었고, 알프레드 드 뮈세와 열정적이고 파란 많은 사랑을 나누었다.

내가 당신 발밑에 영원한 찬사를 바칠 때 그대는 내가 얼굴을 잠시 바꾸기를 원하나요? 당신은 한 심장의 감정을 붙들었습니다. 그 심장은 조물주가 당신을 숭배하라고 만들었지요. 당신을 지극히 사랑합니다, 나의 사랑, 광기를 띤 나의 펜은 내가 감히 말하지 못하는 것을 종이에 적습니다. 내 시의 첫 단어들을 공들여 읽어주세요. 당신은 나의 아픔에 어떤 치료약이 필요한지 알게 될 겁니다.

당신이 달라고 요구하는 그 각별한 애정 표시는 나의 명성을 해치고 내 영혼에 혐오감을 불러일으키는군요.

서른두 살의 상드는 스물여섯 살의 쇼팽을 만나 열정적인 사랑을 나누었다. 그들은 먼저 마요르카섬에서, 뒤이어 노앙에 있는 상드의 집에서 10년 동안 연인으로 지냈다.

오! 당신, 라벨의 볼레로 연주해줄래?

상드는 인기 있는 위대한 작가로 살다 노앙에서 생을 마쳤다. 그녀는 사회 관습을 뒤흔들고 여성해방에 기여했다.

생각하고 행동할 자유는 나의 가장 소중한 자산이지요.

성과학이 시작되다

성에 대한 지식에 사람들이 관심을 갖기 시작했다.

1802년에 저명한 영국 의사 토머스 베도스는 성에 대한 정보를 다루는 최초의 수업을 했다. 그러면서 성적인 차이를 공개적으로 설명했다.

어떤 의사들은 남성의 성 불능과 여성의 불임에 대해 과감히 이야기하기 시작했다.

그리고 작은 혁명이 일어난다. 1843년 위대한 독일 생물학자 비쇼프는 배란이 자율적으로 일어남을 증명했다.

이때부터 성행위는 생식과 독립적인 것이 되었다. 이는 여성해방을 위한 커다란 진보였다.

하지만 성적 쾌감이 생식에 반드시 필요한 게 아니라고 주장해온 교회의 입장에서는 승리였다.

그로부터 20년 후 생리학자 에카르트는 발기가 반사적 반응임을 증명했다.

문학계에서 스탕달은 감정의 이론가가 되었다. 1825년에 자신의 신념을 고백한 책 《연애론》에서 사랑을 네 가지로 구별했다. 정열적인 사랑, 취미로 하는 사랑, 육체적인 사랑, 과시적인 사랑. 이 중 첫 번째 사랑만이 가치가 있다고 보았다.

영혼에서는 다음과 같은 일이 벌어지지요.

1. 처음에는 감탄

와우!

2. 그런 다음 생각하죠. '저 사람에게 키스를 하고 키스를 받다니 얼마나 기쁜가.'라고요.

3. 그러다 기대가 생깁니다. 눈은 감정으로 달아오르죠.

4. 이제 정열적인 사랑의 모든 신호가 나타납니다. 사랑이 탄생한 겁니다!

이것이 바로 그 유명한 스탕달의 '결정 작용(cristallisation)'이다.

완벽한 상태를 생각하기만 해도 그 완벽한 상태를 사랑하는 대상에게서 보게 된다 이 말씀.

4년 후 발자크는 자신의 책 《결혼의 생리학》에서 결혼의 종교적이고 부르주아적인 위선을 비판했다. 그의 설명은 참으로 근대적이다.

부부의 운명은 첫날밤에 좌우됩니다.

결혼을 절대 강간으로 시작하지 마십시오.

아, 그런가요?

하지만 그는 여성 혐오적이기도 하다. "여자는 입을 다물고 있을 때만큼 수다스러울 때도 없다."

당신, 말할 필요 없어…

그런데 지루해하는 티가 너무 나잖아.

1886년에는 리하르트 폰 크라프트에빙이 쓴 의학 교과서 《성의 정신병리》가 오스트리아 빈에서 출간되었다. 이 책으로 성과 성에 관련된 장애를 이해하는 데 획기적 변화가 생겼다.

성은 전통적으로 법과 교회의 소관이었는데, 이때부터 정신의학의 영역에 속하게 된다.

페티시즘

가학성애

연애망상

동성애

이것들은 모두 범죄가 아닌 정신질환으로 간주되었다. 제목이 라틴어로 된 이 정신병리학 책은 성 범죄를 법적 처벌 대상에서 제외하고 그 대신 정신이상으로 격하한다.

동성애의 탄생

1791년에 동성애를 처벌 대상에서 제외하면서 프랑스 혁명기에 상당한 진보가 이루어졌지만…

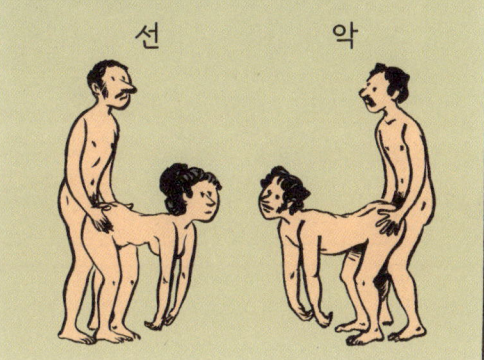

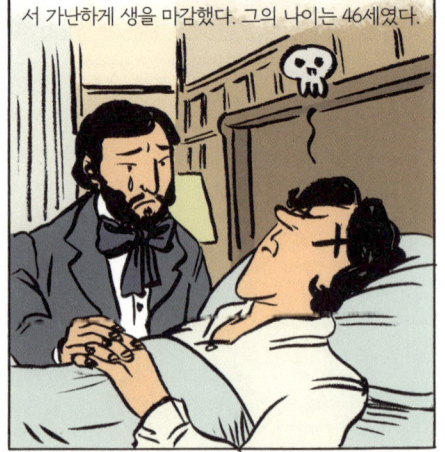

제11장

20세기, 성해방

성 충동과 사랑, 금기가 기나긴 싸움을 벌이는 과정에서, 20세기는 가족이나 사회와 독립된 주체로서 개인이 존재할 자유가 처음으로 뚜렷이 나타난 시기다. 페미니즘으로 여자는 '여성이 되고', 동성애가 인정을 받는다(또는 용납된다). 기술의 발달로 생식과 성행위가 분리된다. 20세기는 해방이 자유를 뜻하기 시작한 세기다.

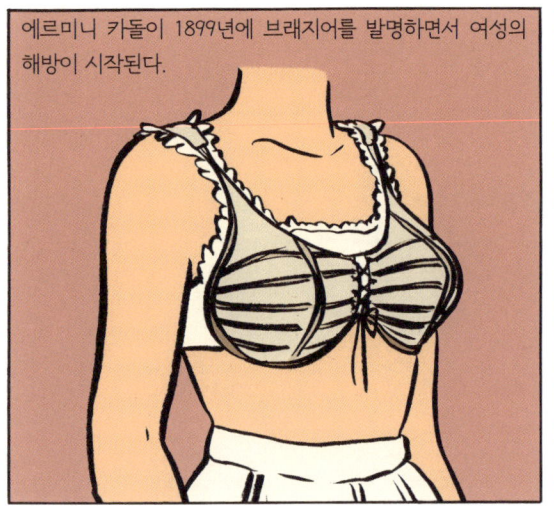

에르미니 카돌이 1899년에 브래지어를 발명하면서 여성의 해방이 시작된다.

이 혁신적인 페미니스트는 여성의 몸을 자유롭게 하려고 몸에 꽉 끼는 코르셋을 둘로 자를 생각을 했다.

성적 수치심은 서서히 줄어들지만 종교적 금기는 여전히 강했다. 남자아이와 여자아이는 서로 다른 학교에서 교육받았다.

사람들은 옷을 입은 채 몸을 씻었다.

옷을 벗는 것은 죄였다. 사람들은 잠옷을 입은 채 어두운 곳에서 사랑을 나누었다. 은밀한 신체 부위를 보이면 안 된다.

남자가 공공장소에서 소변을 보는 것도 금지되었다. 아이들마저도!

성적 수치심의 감소

19세기 말에 여성의 몸은 여전히 여러 겹으로 감싸여 있었다.

1차 세계대전과 2차 세계대전 사이에 남녀의 실루엣은 날씬해지고, 스포츠와 식이요법이 유행했다. 성형수술이 생겼다. 자신의 몸을 인식함으로써 주체가 생겨나기 시작한 것이다.

여성의 몸이 해방된 것은 20세기 성해방의 주요 요인 중 하나다.

한 세계가 변하다

벨 에포크(Belle Époque)†는 윤리적 제약에 거의 신경 쓰지 않는 상류 계층과 부르주아들에게 사랑과 쾌락, 불륜의 시기다.

1900년: 런던, 베를린, 브뤼셀 등에서는 흥청망청 파티가 벌어졌다. 특히 파리는 쾌락의 수도다.

이 시기에는 나쁜 여자와 고급 창녀, 애정 스캔들이 난무했다.

콜레트와 미시 드 모르니는 레즈비언임을 공개적으로 밝히며 자신들의 생활을 자유롭게 이야기했다. 여성의 동성애가 수면 위로 드러나기 시작했다. 영국에서는 여자 동성애가 '유행'하기까지 하고, 짧은 기간이나마 어느 정도 용인되었다. 잘한다!

1903년: 페미니즘의 목소리가 특히 앵글로색슨 국가에서 높아졌다. 영국에서는 여성 참정권론자들이 들고일어나 여성의 투표권을 주장했다. 여성은 1918년에 투표권을 얻었다.

여성이 남성과 같은 나이에 투표할 수 있게 된 건 이로부터 10년 후다.

매춘 폐지 연합은 여성의 진정한 노예화라며 매춘을 비난했다. 당시 매춘은 경찰의 통제를 받았고, 여자 포주들이 장악하고 있는 매춘업소에서 이루어졌다. 매춘업소 입구에는 커다란 숫자가 적힌 등불이 걸려 있었다.

매춘부들은 위생 기관의 감독을 받았지만, 성병으로부터 거의 보호받지 못했다. 최초의 포르노 영화가 사창가에서 촬영된다.

† 프랑스어로 '아름다운 시절'이라는 뜻. 80여 년 동안 혁명과 폭력, 정치적 격동을 거친 다음 평화와 번영을 구가하던 1890~1914년 사이 기간을 일컫는 말.

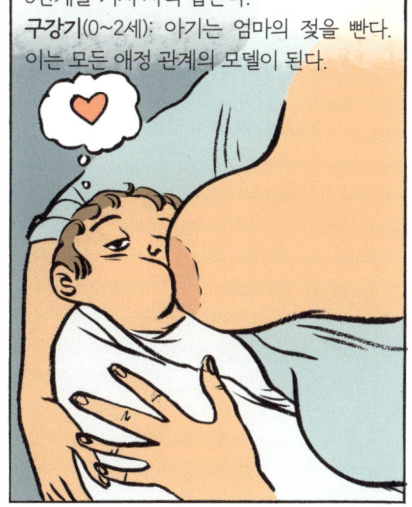

† 성적 취향이 일정하지 않은 상태의 사람.

프로이트의 개념 중 가장 잘 알려진 오이디푸스 콤플렉스는, 반대 성의 부모와 성관계를 맺고 싶은 무의식적 욕구(근친상간)와 자신의 경쟁자인 부모를 없애려는 욕구(부모 살해)를 말한다. 그러므로 어머니를 사랑하고 아버지를 죽이려는 어린 소년은 범죄자가 아니라, 그저 오이디푸스 콤플렉스를 겪고 있을 뿐이라는 것이다!

하지만 프로이트는 아직 19세기 사람이고, 그에게는 오로지 하나의 성기만 존재한다. 바로 남자의 성기다. 페니스가 있는 남자는 거세를 두려워한다.

페니스가 없는 여자는 이걸 갖고 싶어 한다.

여성의 성은 남성의 성 모델에 종속되어 있다고 여겨졌다. 클리토리스는 남성 생식기의 대체물이고, 클리토리스의 존재를 옹호하면 미성숙한 사람으로 생각되었다. '진짜' 여자는 남자의 음경으로 쾌감을 느껴야 한다는 것이다. 여기에서 질 오르가슴형 여성과 클리토리스 오르가슴형 여성이 존재한다는 잘못된 프로이트적 생각이 나오게 된다.

프로이트에게 동성애는 항문기에 고착된 미성숙한 리비도에서 생기는 것이다.

사실 프로이트는 자신의 글에서 성에 대해 거의 말하지 않았고, 그가 성과학을 정립한 것도 아니다. 게다가 그는 자유로운 여자들이 자신에게 이야기한 이런 성에 대해서 잘 알지 못한다고 말했으며, 자신의 성을 표현하는 것도 어색해했다.

1914~1918년: 1차 세계대전은 우리가 알다시피 대량학살인 동시에, 전쟁에 휩싸인 남녀가 부르는 절망적인 사랑 노래였다. 사랑의 열정은 죽음에 저항하고 내밀한 성을 해방하는 데 기여했다. 이 시기에 성해방이 한창 진행되었다.

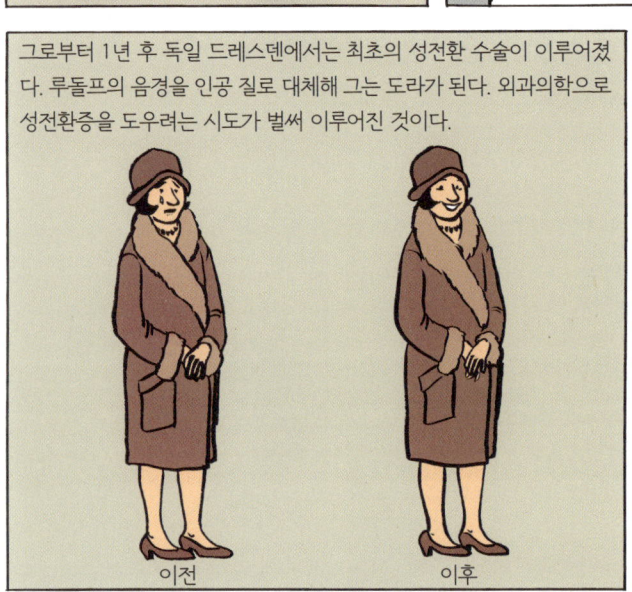

1936년: 정신분석학자 빌헬름 라이히의 성 이론이 서구 사회를 크게 혁신했다. 1927년에 《오르가슴의 기능》을 출간한 그는 성혁명을 주창했다.

하지만 그의 생각은 시대를 너무 앞서갔다. 그는 프로이트와 반대로 욕망은 오르가슴에 도달하는 것으로 표출돼야 한다고 생각했다. 그래서 와상성운의 우주적 에너지인 오르곤을 끌어모으는 기계를 발명했다.

↑ 오르곤을 모으는 기계

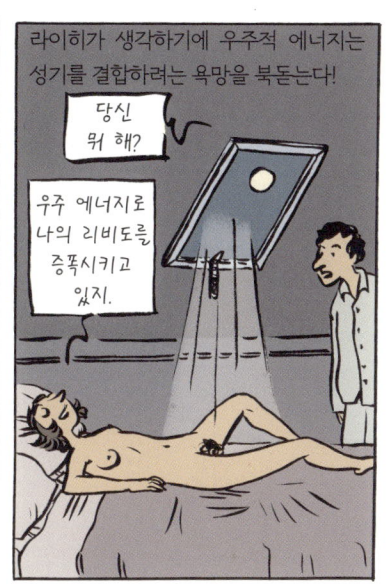

라이히가 생각하기에 우주적 에너지는 성기를 결합하려는 욕망을 북돋는다!

당신 뭐 해?

우주 에너지로 나의 리비도를 증폭시키고 있지.

1938년: 인디애나 대학교의 동물학 교수인 앨프리드 킨제이는 학생들로부터 성에 관한 질문을 받고 뭐라고 답해야 할지 몰랐다.

동료 의사들에게 물어보아도 놀랍게도 그들 또한 답을 알지 못했다. 그때까지 성에 관한 의학적 연구가 전혀 없었기 때문이다.

킨제이는 벌 10만 마리에 대한 연구를 끝낸 참이었고, 이번에는 남성 10만 명의 성 이야기를 수집한다는 엄청난 계획을 세웠다.

그런데 그 사람들은 벌집에 절대로 다 못 들어가겠군.

연구 초기에는 난관이 많았다. 경찰과 의사협회, 그가 몸담고 있는 대학, 각종 윤리연맹이 그의 연구를 금지하고 방해했기 때문이다. 킨제이는 낙심하지 않고 연구를 계속했다.

섹스광! 남색하는 놈! 미친놈!
소아성애자!

벌을 연구할 땐 논쟁이 덜했는데.

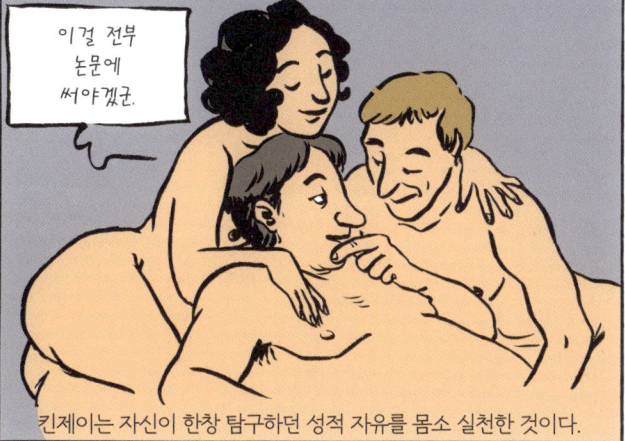

이 방대한 연구를 진행하면서, 킨제이는 자신의 동성애 성향을 발견했다. 어쩌면 그가 연구를 시작하게 된 무의식적인 계기였을지도 모른다. 그는 동료에게 반하고, 그 사람은 곧 킨제이의 아내와도 연인이 되었다.

이걸 전부 논문에 써야겠군.

킨제이는 자신이 한창 탐구하던 성적 자유를 몸소 실천한 것이다.

173

1939~1945년: 2차 세계대전은 성풍속이 두 번째로 진화하는 계기가 되었다. 특히 프랑스가 독일로부터 해방되면서 급속도로 진전되었다. 5년에 걸쳐 제약과 공포, 살육을 거친 다음, 유럽은 해방이라는 달콤한 노래와 미국 가수들의 부드러운 음성, 오랫동안 억눌러온 성 충동의 소리를 들으며 깨어났다. 1944년 프랑스에서는 여성에게 투표권이 주어졌다. 하지만 여성들은 그 이듬해에야 투표할 수 있었다.

1948년: 전쟁 동안 잊혔던 킨제이는 보고서를 출간하고, 이 보고서는 서구 사회를 일깨웠다. 그는 아무도 들으려 하지 않던 진실을 알렸다.

"어디 보자…."

"남자의 80퍼센트는 결혼 전에 성관계를 가졌다.
결혼한 남자의 50퍼센트는 혼외 성관계를 가졌다.
소년의 60퍼센트는 사춘기 이전에 동성애를 한 적이 있다.
기타 등등."

자위행위(아무런 질병도 일으키지 않는 행위)와 항문 성교, 동물과의 성애, 성기와 입을 접촉하는 성행위, 펠라티오, 쿤닐링구스 등의 실상도 밝혔다.

"그럼 자위를 해도 귀를 먹지 않는다는 거네?" "뭐라고?" "그나저나 자네 개가 참 귀엽구먼…."

5년 후인 1953년에 킨제이가 출간한 여성의 성에 관한 보고서는 더욱 충격적이었다. 이 보고서는 여성이 대부분 매우 일찍 성에 눈을 뜬다(여성의 16퍼센트가 10세 이전에 에로틱한 경험을 한 적이 있다)는 사실을 밝힘으로써 여성의 쾌락을 재평가한다.

"저기! 우리 의사놀이 할까?" "그래 좋아!"

그는 이 보고서에서 여성의 자위와 동성애가 정상적이라고 단언했다.

이 보고서에 비난이 쏟아졌다. 킨제이는 부도덕한 사람 취급을 받았고 록펠러 재단은 후원을 중단했다. 결국 그는 연구를 중단해야 했다.

"공산주의자!" "하지만… 하지만…."

1949년: 풍속의 자유화가 진행되었다. 사회 전 분야에서 성에 대한 자각이 일어났다. 자유의 첨병인 문학은 근대화에 대한 이런 열망을 표현했다. 헨리 밀러는 《섹서스》를, 시몬 드 보부아르는 《제2의 성》을 출간했다.

"어… 시몬…."

"우리는 여자로 태어나는 것이 아니라, 여자로 만들어지는 것이다."

1950년: 21세에 성년이 된 프랑스 여성은 결혼을 하면서 '법적 미성년자'가 된다(즉 남편의 피후견인이 된다).

좋았어!

정말 결혼할 맛 나는군!

결혼한 여성은 직업을 갖거나 은행 계좌를 개설하려면 남편의 허락을 받아야 했다.

우리 꼬마 아가씨가 이제 곧 자기 이름으로 된 계좌를 갖겠네?

1952년: 자유를 위한 여성의 투쟁은 임신이라는 제약에서 벗어나며 한 발 나아갔다. 피임법이 발달하고, 런던에서는 국제가족계획운동협회가 창설되었다.

4년 후인 1956년에 어마어마한 폭탄이 터졌다. 그레고리 핑커스가 경구용 피임약을 만들어냈다!

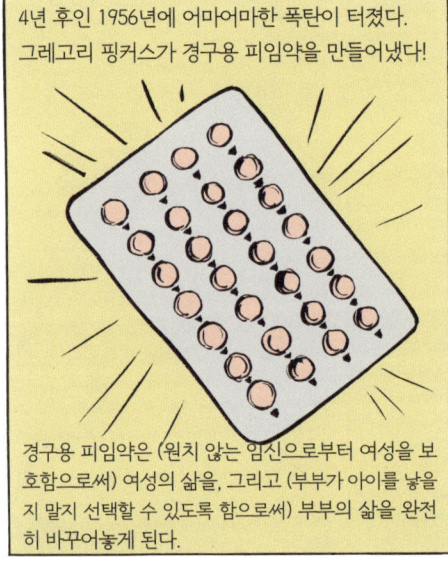

경구용 피임약은 (원치 않는 임신으로부터 여성을 보호함으로써) 여성의 삶을, 그리고 (부부가 아이를 낳을지 말지 선택할 수 있도록 함으로써) 부부의 삶을 완전히 바꾸어놓게 된다.

인류 역사에서 처음으로 성과 생식이 분리되는 순간이다. 이로써 1970년대 성해방이 가능해진다.

계속해서 임신하는 거 끝!

이제 부담 없이 섹스를 할 수 있게 됐지요!

이에 대한 반발도 거셌다. 미국 윤리단체들은 경구용 피임약에 반대하고, 바티칸의 교황 바오로 6세는 그 사용을 금지했다.

사람들이 그저 즐기자고 섹스를 한다? 앞으로 또 무슨 말이 나올지 모르겠군!

욕구불만 이시구먼!

경구용 피임약이 허용된 것은 미국에서는 1960년, 프랑스에서는 1968년이다. 하지만 1980년에 가서야 널리 사용된다. 피임약은 쾌락의 시대를 열었다!

피임약 덕분에 우린 미친 듯 섹스해요.

좋아 죽지요.

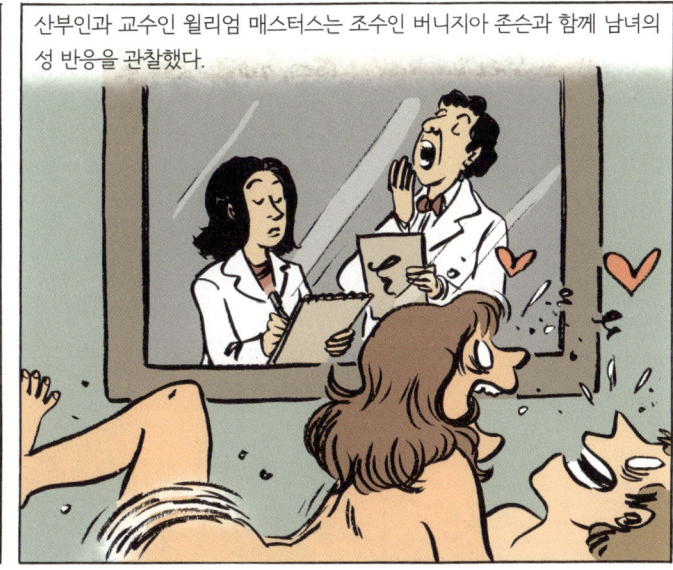
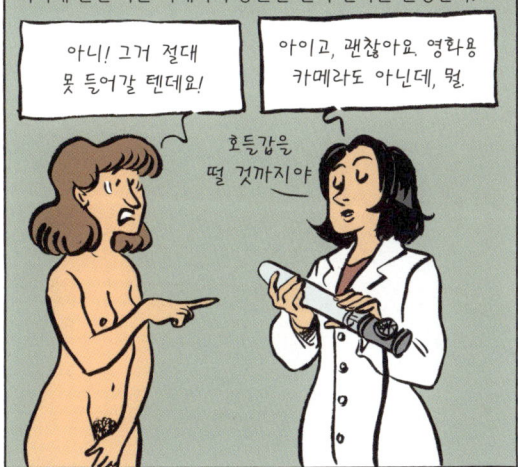
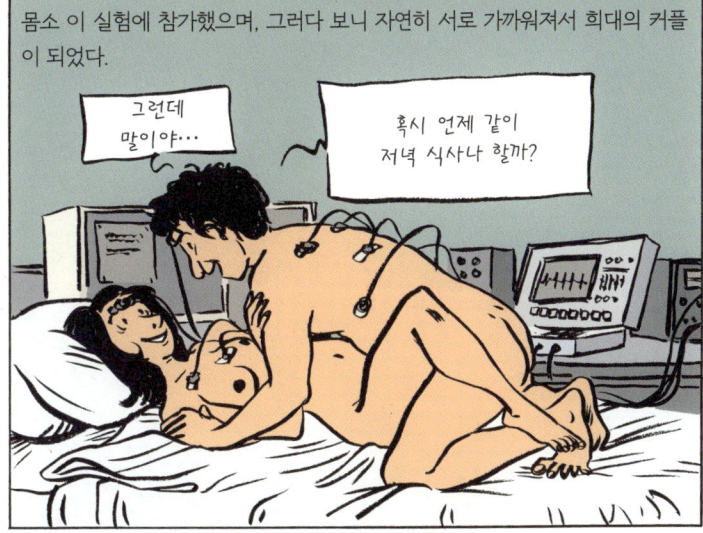
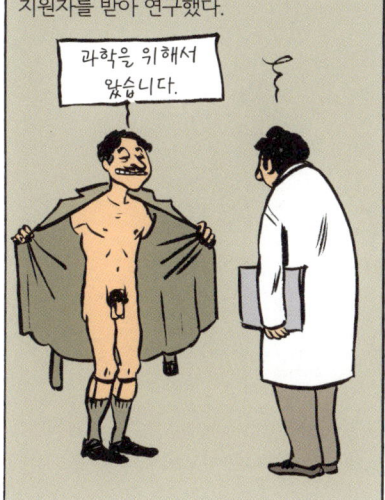

미국에서는 히피 혁명이 벌어졌다. 베이비붐으로 태어난 이들은 전통적 가치를 거부하고 평화주의와 자연으로의 회귀, 성적 자유를 찬양하는 반(反)문화를 만들어낸다.

히피들은 결혼제도와 가족을 거부하고 공동체를 이루어 살았다. 그들은 자유로운 사랑, 그리고 어른으로서 동의하에 체험할 수 있는 것은 무엇이든지 실험했다.

히피 운동은 이제 막 생겨난 성적 자유의 진정한 실험실이었다.

동성애자의 권리를 주장하는 게이 프라이드 퍼레이드가 처음 열렸다(1969년).

프랑스에서는 이 거대한 움직임이 1968년 5월에 일어난 혁명적 청년 운동에서 폭발했다. 청년들은 새로운 사회와 더 큰 자유, 성적 자유를 주장했다.

이것이 당신의 투표용지다.†

이들은 공동체를 실험(훗날 비현실적이라고 판명 난 실험)하며 가족과 사회를 해체하려 했다.

이 시기에 성 혁명에 대한 빌헬름 라이히의 생각은 큰 영향을 미쳤다. 젊은 동성애자들은 자신들의 자유를 주장했다. 미셸 푸코는 사회가 성을 통제한다고 비판했다.

1969년에 단체 '여성해방운동(MLF)'은 "남성 지배의 종말"과 "모든 여성을 위한 무료 자유 낙태"를 주장했다.

피임은 1968년 말에 허용되고, 낙태는 1975년에 합법화되었다(베유법).

성은 이제 욕망의 자유로운 표현 방식이 되었다.

† 1968년 5월에 프랑스 청년들은 길거리에서 짱돌을 던지며 격렬히 시위했다.

섹스 심벌

20세기에는 영화에서 사랑이 중요한 주제로 등장하고, 러브스토리의 전설적인 남녀 주인공을 맡은 배우들이 인기 스타가 되었다.

남자 배우로는 루돌프 발렌티노가 1930년대 여성들을 광란에 빠뜨렸다. 이후 각 시대의 기준에 따라 클라크 게이블, 말런 브랜도, 제임스 딘이 사랑받는다. 성적 매력도 유행을 타니까.

1930~1940년대에는 여배우 메이 웨스트가 큰 사랑을 받았다. 실제 삶과 영화에서 자유로운 여성이었던 그녀는 하이힐을 신은 채 온몸을 유연하게 구부리고, 꽉 끼는 코르셋으로 가슴을 강조했다. 좌우로 휘청거리는 걸음걸이로 유명하다.

"당신 주머니에 권총이 있는 거야? 아니면 그냥 나를 만나서 좋은 거야?"

미국 공군 조종사들은 이런 그녀의 모습을 염두에 두고 자신들이 쓰는 팽창형 구명 재킷을 '메이 웨스트'라고 불렀으며, 이 이름은 아직도 사용되고 있다.

뒤이어 리타 헤이워스, 소피아 로렌, 메릴린 먼로, 브리지트 바르도가 이상적인 신체 치수를 과시하며 긴 다리, 개미허리, 풍만한 가슴으로 섹스어필하는 팜므파탈의 상징이 되었다.

1960년대에는 데이비드 해밀턴의 카메라에 찍힌 젊고 창백하며 가슴이 거의 없고 다리가 긴 날씬한 실루엣이 각광받았다.

1970년대에 활동한 소년 같은 외모의 모델 트위기를 보라.

"비쩍 말랐다는 거죠 뭐."

1980년대에 접어들면 좀 더 자연스럽고 건강한 여성, 제인 폰다 같은 여성이 스크린을 장악하며 인기를 끌었다.

"내가 자세를 취하면 항상 자연스럽죠."

1970~1980년

성풍속이 엄청나게 진화하면서 10년 만에 오랜 금기의 시대가 무너졌다. 결혼 전 성 경험과 동거생활이 일반화되었다. 혼전 처녀성의 개념이 깨지고, 혼외에서 태어나는 아이들이 과반수를 넘는다.

1974년 6월, 쥐스트 재킨의 영화 〈에마뉘엘〉이 개봉된다. 자유분방한 젊은 여성과 그녀보다 40세 연상인 애인 마리오가 주인공이다.

이 영화는 개봉되자마자 파문을 일으키며 큰 성공을 거둔다. 격렬한 비판을 불러일으키며 프랑스 관객 900만 명, 전 세계적으로 4500만 명에 가까운 관객을 끌어모았다. 이 시기는 성풍속이 해방되고 영화 검열이 폐지된 시기이기도 하다.

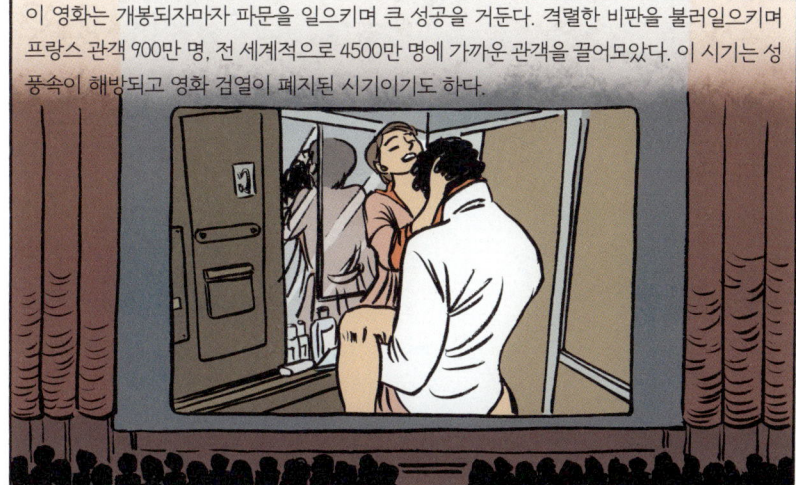

그 이듬해에 성을 직접적으로 다루는 엑스(X) 등급†의 영화를 규제하는 법이 만들어졌다. 포르노 영화는 특정 영화관에서만 상영되며 게토화된다.

1980년: 인터넷의 전신이라 할 만한 '미니텔'‡로 은밀한 만남이 이루어졌다.

1981년: 500년 동안 창궐하던 매독이 사라지자 전염병 에이즈가 나타났다. 동성애자들을 선두로 수천 명의 남녀가 후천성면역결핍증후군으로 사망한다. 이 전염병으로 지금까지 약 4000만 명이 죽었다.

이에 대한 반응으로 안전한 섹스를 위한 움직임이 나타났다. 콘돔을 사용하고 파트너 수를 줄이는 것이다.

1982년: 프랑스에서 동성애가 합법화되었다. 하지만 동성애는 1991년이 되어서야 세계보건기구의 정신질환 분류에서 사라진다.

† '청소년 관람 불가 등급'의 예전 표현.
‡ 프랑스 체신부가 개발한 정보통신 단말기.

새로운 성 질서

프랑스 사회는 차츰 개인의 내밀한 성생활에 대해서 도덕적 판단을 하지 않게 되었다.

두 어른이 동의해서 하는 모든 행위는 법으로 허용되었다.

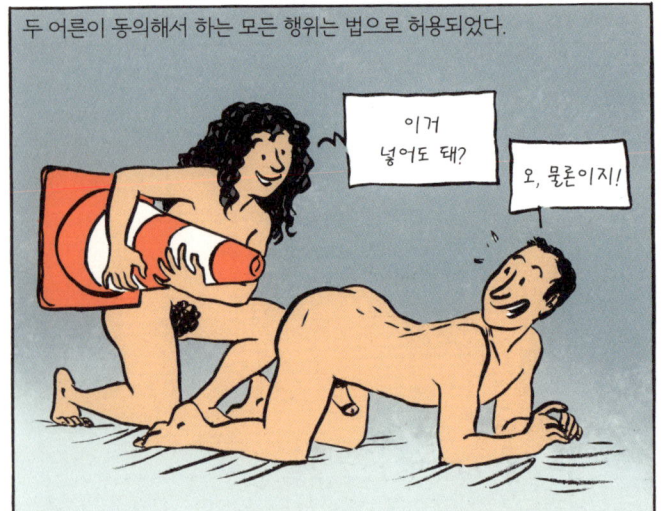

그래도 딱 한 가지는 금지되었다: 어른의 성이 어린이의 세계에 끼어드는 것이다.

20세기 초까지도 도덕적 범죄를 고발하는 일이 흔했지만, 이제 그런 일은 사라진다. 간통은 1975년부터 형법상 과실이 아닌 민사상의 과실이 되고, 1990년대부터는 더 이상 기소되지 않는다.

부부는 자유로운 성생활을 누리고, 서로 파트너를 교환하는 스와핑 같은 자유분방한 성행위도 나타났다. 하지만 스와핑은 대부분 특정한 클럽에서 이루어지며, 극소수의 사람들에 의해서만 행해졌다.

1998년에 비아그라가 발명되며 한 세기가 막을 내린다. 최초의 효과적인 남성 성 장애 치료제인 이 약은 즐거운 성생활을 위해 널리 사용되었다.

1999년에는 팍스(PACS: 시민연대계약) 제도가 생겨 두 어른, 특히 동성애자들의 결합을 허용했다. 이는 '만인을 위한 결혼'법의 전신이라 할 수 있다.

제12장

미래의 섹스

21세기의 첫 20년 동안 성과 성의 표현 및 실천 방식 등에서 다양한 변화가 생겼다. 앞으로 변화는 더욱 활발히 이루어질 것이다.

2000~2010년: 전 세계적인 정보통신 연결망인 인터넷이 대중에게 널리 보급되었다. 이로써 인간관계는 완전히 바뀌게 된다.

수십 년 전부터 사회가 엄청나게 변화하고 있다. 결혼하는 커플 수의 감소, 이혼율 증가, 커플로 지내는 기간의 감소, 재혼 가족의 증가…

SNS로 이런 경향은 더욱 강해진다.

포르노 사이트도 넘쳐난다. 프랑스에서 사춘기 소년 두 명 중 한 명은 열한 살에 이미 포르노 영화를 본 적이 있다. 성 영상물 중독증은 이제 현실이 되었다.

남녀평등에서 현실적인 진보가 이루어졌지만 차별은 여전히 존재한다(여성의 평균 임금은 남성 동료의 임금보다 25퍼센트나 적다).

1990년에 주디스 버틀러가 수행한 젠더 연구가 사회에 적용된다. 이에 따라 여자아이는 분홍색, 남자아이는 푸른색이라는 식의 젠더에 대한 고정관념을 어린이에게 주입하는 일은 피하라고 권고된다. 성 정체성은 사회가 성을 어떤 모습으로 제시하느냐에 따라 확립되기 때문이다.

이제는 그 어떤 성적 지향도 허용된다. 동성애, 이성애, 양성애, 성전환, 이성애 커플… 하지만 각 성적 지향성의 비율이 얼마나 되는지는 상대적으로 살펴보아야 한다. 2008년 프랑스에서 실시된 조사에서는 남성의 2.2퍼센트, 여성의 1.3퍼센트가 자신이 동성애자나 양성애자라고 밝혔다.

하지만 가톨릭교회는 이런 현실에 반대하며 아빠와 엄마, 자녀로 이루어진 가족만을 인정하고 있다.

† 프랑스의 통신판매회사로 1928년부터 카탈로그를 발행했다. 인터넷이 널리 보급되기 전에는 사춘기 소년들이 여자의 알몸을 보려고 이 카탈로그를 애용했다.

† 프랑스에서는 시장이나 시장 대리가 예식으로 혼인을 선포해야 법적으로 부부가 된다.

2002년: 나탈리 리키엘†은 섹스 토이를 대중화했다.

섹스 토이들은 파리 생제르맹데프레 한복판에 있는 진열창에 전시되었다. 프랑스 여성들은 남의 눈치를 보지 않고 기계적인 자가 쾌락의 도구를 발견했다!

2010년: 대화가 가능한 최초의 섹스 로봇 '록시(Roxxxy)'가 라스베이거스에서 열린 성 박람회에서 소개되었다. 이 로봇은 부드러운 피부와 인공지능, 여성의 성기를 지녔다!

록시는 다섯 가지 성격이 있다. 얌전한 성격, 내성적인 성격, 외향적인 성격, 대담한 성격, 위압적인 성격. 그중 하나를 선택할 수 있다. 사려 깊은 남자의 오래가는 동반자라고 할까.

한편 '시비언'은 나온 지 이미 20년이 넘었다. 시비언은 남성 성기가 달린 섹스 기계로 연속해서 100번이 넘는 오르가슴을 줄 수 있다.

일본에서는 인터넷으로 키스를 주고받을 수 있는 구강용 '키스 전송 장치'가 출시되었다.

그리고 인터넷에 연결된 섹스 토이 덕분에 꽁꽁 얼어붙은 연인들이 원거리로 쾌감을 느낄 수 있다.

† 의류 브랜드의 창업자 소니아 리키엘의 딸.

2013년: 이른바 '만인을 위한 결혼'법(토비라법)이 통과되어 동성 커플도 결혼할 수 있게 되었다.

시민사회와 정치계의 유명 인사들, 특히 가톨릭교회는 이 법뿐 아니라 대리모 출산에도 반대한다. '만인을 위한 시위' 단체는 파리에서 30만~100만 명에 이르는 시위 인파를 동원했다.

프랑스의 많은 사람이 성적 지향이 무엇인지 이해하지 못하는 것 같다. 이는 성 교육이 제대로 이루어지지 않았기 때문이다.

2014년: LGBT† 집단은 레즈비언과 게이, 양성애자, 성 전환자들의 권리뿐 아니라 무성애자나 다른 성 소수자의 권리 역시 옹호한다. '성 소수자'를 인정하기 위한 투쟁 역시 아직 끝나지 않았다.

2015년: 인터넷은 10억 개가 넘는 웹사이트를 통해 30억이 넘는 사용자들을 연결한다. SNS로 전 지구적인 소통이 더욱 빨리 이루어진다.

한편 지리위치좌표를 이용한 만남 서비스(그린드르, 틴더, 호넛)가 생기면서 근처에 있는 잠재적 (남녀) 성 파트너와 즉시 만날 수 있게 되었다. 이제 유혹의 과정은 필요 없다. 하지만 이건 매춘이 아니다.

† 레즈비언, 게이, 양성애자, 트랜스젠더의 앞 글자를 딴 말.
‡ '증오하는 사람'이라는 뜻. 대중음악계에서 사용되는 말로, 특정인을 싫어하거나 시기하는 사람을 가리킨다.

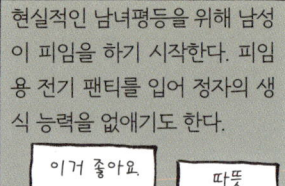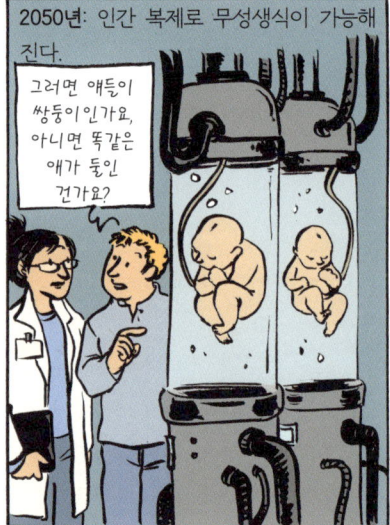

섹스 대체기기가 발달한다. 운동신경 장애자를 위한 영구 두뇌 이식 장치가 만들어져서, 두뇌로 오르가슴을 느끼는 일이 가능해진다.

2060년: 동성애가 전 세계적으로 합법화된다.

이제 에이즈는 통제되지만, 초강력 성병 바이러스 제트프림(Z-Prim)이 나타난다.

"매독, 에이즈, 제트프림… 정말이지!"

"마음 놓고 섹스할 날은 절대 안 올 거야!"

전 세계적으로 긴급조치가 취해진다. 구강 또는 성기 접촉은 일절 금지된다.

다행히 콘돔은 항상 있는 법

2080년: 평균 수명이 130세가 되자 20개 국가에서 출산을 중단한다. 하지만 세계 인구는 100억 명에 이른다. 제트프림은 통제되기 시작하지만, 성 정체성이 진화해 인간관계라는 제약에서 벗어난 성행위가 널리 이루어진다.

사람들은 이식 장치와 보조기구, 홀로그램 등을 이용해 자유롭고 인공적인 자가 쾌락을 누린다.

STL(매우 자유로운 섹스) 중독이 퍼진다. 사람들은 오로지 성적 반응에만 의존하는 구태의연한 성행위에 등을 돌린다.

"이게 뭐야? 이거 말이야."

2200년: 인류가 태동한 바로 그곳(기원으로 되돌아가는 강력한 상징)의 중심에 세워진 동아프리카의 거대 국제도시 오르비폴리스는 국제의회 본부로서 수면 상승을 겪은 '대연합' 국가들을 아우른다.

기술이 발달한 이 사회에서는 성행위와 재생산이 완전히 분리되어 있다.

사회의 정점에는 전적으로 가상 성생활을 하는 개량 인간이 있다(뇌에 이식된 반도체칩으로 언제든 원할 때 오르가슴을 느낄 수 있다).

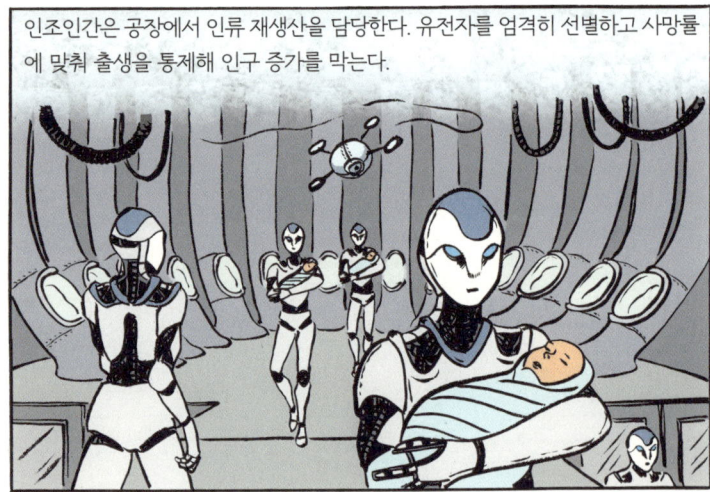

인조인간은 공장에서 인류 재생산을 담당한다. 유전자를 엄격히 선별하고 사망률에 맞춰 출생을 통제해 인구 증가를 막는다.

인류 대부분은 극도로 디지털화된 도시에서 산다. 남녀는 모두 태어나자마자 불임 시술을 받고 유전자가 조작된다. 성욕은 사라진 상태다. 증강현실 안경으로 사람들은 각자 자신만의 디지털 세계에서 살면서도 서로 부딪치지 않고 이동할 수 있다.

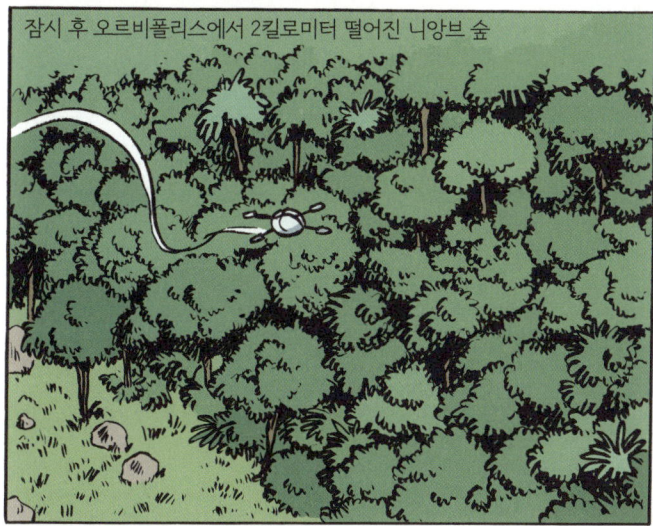

-The End

메모

이 메모는 이 책에 나온
주요 개념을 간단히 정리한 것입니다.
앞에서 자세히 다루지 못하고
지나친 질문에 대한 답이 될 것입니다.

사랑

동물의 세계에서도 몇 가지 사랑의 신호가 보이긴 하지만(구애 행동, 선물, 애착…), 사랑이라는 감정은 인간관계의 독특한 특징인 것 같다. 인간이 '유혹'이라 부르는 구애는 전통 사회에서 오로지 남자의 몫이었다. 춤, 초대, 은밀한 약속 등으로 의식화된 이 끈기 있는 구애(몇 달 또는 몇 년에 걸쳐 이루어지는 구애)는 현대 사회에 이르러 좀 더 짧게 이루어지고, 따라서 자주 되풀이되어야 한다. 이것이 바로 오래가는 커플의 비밀이다.

사랑은 선택인가? 그렇지 않다. 연인을 위해 말하고 선택하는 것은 바로 그들이 느끼는 감정이다. 하지만 오랫동안 전통적으로 가족과 사회가 연인에게 선택을 강요했다. 주체인 개인이 자유롭게 자기 삶을 결정할 수 있게 된 오늘날, 사람들은 가끔 자태나 얼굴만 보고도 첫눈에 반한다. 목소리는 가장 개별적인 신호 중 하나이고 음색, 어조, 특징적인 억양이 모두 유혹의 도구다.

이때 **키스**가 특별한 역할을 한다. 키스는 가장 내밀한 접촉이다. 촉각과 미각, 후각이 어우러진 키스는 성기로 하는 성교의 예고편이기 때문이다. 대체로 키스는 거창한 사랑 고백보다 더 많은 감정을 전달한다. 키스는 육체적 사랑과 감정적 사랑의 결합, 인간을 묶어주는 영원한 연결고리를 상징한다.

감정이 최고조에 달해 **번개를 맞듯 첫눈에 반하면** 사람은 마비되고 열광하고 감전된다. 이폴리트를 처음 본 페드르가 그랬다. "나는 그를 본다, 얼굴이 달아오른다, 그를 보면 창백해진다…."(《페드르》, 1막 3장) 사랑은 이런 심리적 만남이다. 그리고 호르몬이 마법을 부려 관계가 구체화된다. 사랑에 빠진 뇌가 깨어나는 것이다. 옥시토신과 도파민, 엔도르핀은 우리를 쾌락으로 이끈다.

뒤이어 커다란 변화가 일어나 열정은 **지속적인 사랑**으로 변하고, 관계는 시간에 새겨진다. 사랑의 가장 큰 장애물은 바로 시간이다! 초기의 흥분을 어떻게 지속시킬 것인가? 사랑의 열정을 어떻게 유지할 것인가? 사랑은 고작 3년만 지속되는가? 물론 아니다. 사랑은 감정의 진정성에 따라 유지된다.

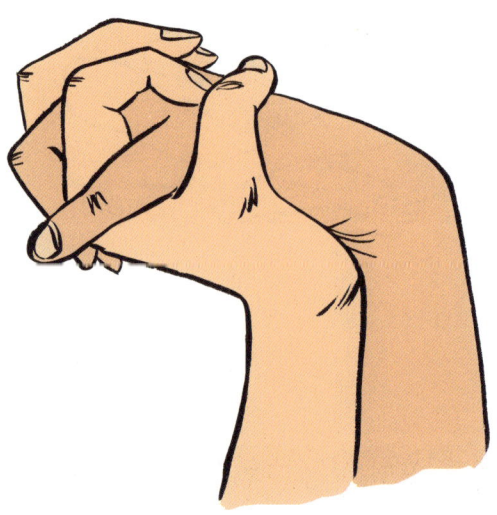

교육

인간의 성이 선천적이지 않다는 사실은 오늘날 모두가 알고 있다. 성은 사회가 우리에게 제시하는 이미지로 학습되고 구축된다. 야생에서 사는 다른 영장류 동물들도 체험으로 성을 학습한다. 어린 원숭이는 어른 원숭이의 구애와 성행위를 관찰한다. 모델이 필요한 것이다. 다른 침팬지들과 고립된 어린 침팬지는 다 자라도 교미하지 못한다. **그런데 본질적인 차이가 있다.** 인간은 성적 수치심 때문에 언제나 무리로부터 따로 떨어져서 사랑을 나눈다. 이게 바로 성에 있어서 가장 큰 어려움이다. 한편으로는 성에 대한 교육이 필요하지만, 그러다 보면 문화와 종교가 모델을 일일이 검열하고 많은 경우에 성교육도 검열한다.

유럽에서는 1950년대에 최초의 성교육 시도가 있었다. 하지만 교사들뿐 아니라 가톨릭교회가 이를 격렬히 반대했다. "성교육은 가정에서 할 일"이라면서 말이다. 그러다 성교육이 법으로 규정되었다. 하지만 실제로는 거의 이루어지지 않고 있다.

성교육은 오늘날 북유럽(네덜란드, 덴마크, 스웨덴 등)에서 잘 이루어지고 있다. 교회와 가정이 영향력을 미치기 시작하면 대체로 성교육이 제대로 이루어지지 못한다. 프랑스에서는 2001년 7월 4일에 초등학교와 중학교, 고등학교에서 1년에 세 차례 성교육을 실시하도록 법으로 규정했다. 하지만 교사들이 매우 특별한 이런 정보에 대한 교육을 제대로 받지 못한 상태라, 플라닝 파밀리알(Le Planning Familial) 같은 사회단체에 성교육을 맡기고 있는 실정이다. 성교육은 대체로 잘 이루어지지 않고 있으며, 예방, 피임약, 콘돔이라는 세 가지 내용에만 집중되어 있다. 즉 임신과 성병을 예방하는 데 집중하는 것이다. 하지만 진정한 성교육은 성의 생물심리학적, 감정적, 사회적 측면을 모두 포함해야 한다. 성별의 차이와 인간관계를 이해하고 비판적 감각과 열린 마음, 상대방을 존중하는 마음을 기르도록 해야 한다. 네덜란드에서는 초등학교에서부터 체계적인 성교육 프로그램을 실시하고 있고, 그래서 원치 않는 임신과 낙태의 비율이 세계에서 가장 낮다.

포르노: 진정한 성교육이 이루어지지 않으면 청소년은 친구들이나 유일하게 영상으로 접할 수 있는 성 모델인 포르노를 통해 정보를 구하게 된다. 포르노는 당연히 최악의 모델이고, 이 때문에 초등학교 때부터 중등교육이 끝날 때까지 꾸준한 성교육과 지도가 반드시 필요하다. 11세에 이른 사춘기 소년 둘 중 한 명은 이미 포르노를 본 적이 있다.

금기 사항

인류가 시작된 이래 모든 사회에서는 성에 대한 금기가 존재했다. 금기 사항은 문화와 종교, 시대에 따라 변해왔다. 이 책에 나온 긴 역사를 따라가면서 동성애와 자위, 자유로운 성행위 등이 금지되었다가 인정된 예를 살펴보았다.

최초의 금기는 근친상간이다. 이는 씨족 구성원에 대한 성적 욕구를 포기하는 것으로, 인류의 가장 기본적인 규칙이 되었다. 동물의 세계에서도 젊은 암컷이 성적으로 성숙하면 자기 집단을 떠나 다른 집단에서 지내며, 자기 부모를 만나지 않도록 함으로써 근친상간을 피한다(24~25쪽 참조). 암컷은 수컷 자식이 지나치게 적극적인 행동을 보이면 곧바로 그 자식과 거리를 둔다. 언어와 이야기, 전설에 의존하는 인간의 금기는 이보다 훨씬 더 불안정하다. 그리고 지켜지지 않는 경우가 참으로 많다. 하지만 근친상간에 대한 실제 통계자료는 존재하지 않는다. 너무도 내밀한 부분이라 사람들이 쉽게 드러내지 않기 때문이다. '근친 성폭력 피해자 국제협회'가 2009년에 실시한 조사에 따르면, 전체 인구의 3퍼센트가 근친 성폭력을 겪었다고 한다. 이는 물론 실제보다 낮은 수치일 것이다.

그다음으로 생긴 것이 종교적 금기다. 금욕이나 정절의 의무, 혼전 섹스 금지, 간통 금지, 이혼 금지, 자가 성애(자위) 억압, 항문 성교 금지, 피임 금지 등등.

끝으로 법률적·사회적 금기가 있다. 어린이와의 성행위 처벌(근친상간과 소아성애), 남녀 성기 훼손 처벌, 동의 없이 이루어지는 성행위 처벌, 부부 강간 처벌 등등. 모든 사람이 기본적인 금기 사항을 지키면, 도덕적 잣대를 들이댈 필요 없이 서로 동의하는 두 어른이 함께 자유로운 성생활을 누릴 수 있을 것이다. 이때 염두에 두어야 할 단순한 규칙이 있다. 상대방이 거북하게 느낄 일은 절대로 하지 말 것.

결혼

단혼제 사회든 복혼제 사회든 결혼은 전통적으로 똑같은 기능을 한다. 재생산을 목적으로 한 남자와 한 여자를(오늘날 어떤 나라에서는 두 여자 또는 두 남자를) 결합하는 것이다. 아주 최근에 와서야(서구에서는 19세기) 이 결합에 감정적 측면이 부여되었다(연애결혼).

단혼과 복혼의 차이: 오늘날 인류 문화 전체를 살펴보면, 단혼제 사회는 소수에 불과하고 복혼제 사회가 다수를 차지한다. 이른바 단혼제 사회에는 이혼하지 않으면 재혼을 못 하도록 금지하는 법이 있다. 복혼제 사회에서는 동시에 두 번, 세 번 또는 그 이상 결혼을 할 수 있다. 하지만 여기에는 암묵적으로 합의된 사항이 있다. 재혼은 남자만 가능하다! 복혼제는 남성 지배 현상의 하나다.

세계화: 서구 문화의 영향으로 기독교식 결혼(합의 아래 이루어지며 파기할 수 없는 일부일처제 결혼)이 전 세계에서 모델이 되었으며, 복혼제를 법적으로 인정하는 국가에서도 단혼을 선호하는 경향이 강해지고 있다.

불행히도 아직 많은 사람이 너무 이른 나이에 가족의 강요로 결혼한다. 이런 일은 주로 사하라 사막 이남 아프리카(이곳에서는 15~19세 여성의 4분의 1이 결혼을 했다)와 동남아시아, 남아메리카에서 이루어진다.

실험실이라 할 만한 서구 사회에서는 결혼하는 커플의 비중이 줄어들면서 두 주체의 결합 방식이 완전히 변하는 중이다(프랑스에서는 아기의 55퍼센트가 혼외관계에서 태어난다). 동성의 결합이 가능해지고, 사람들은 평생에 걸쳐 여러 '인생의 국면'을 맞이하며 여러 파트너와 결합한다. 두 성인 주체는 자신이 선택한 방식에 따라 '커플을 이룰' 수 있다.

서구 사회가 제시하는 이런 폭넓은 자유에 어려움이 없는 것은 아니다. 형식적인 틀, 그리고 종교나 가족, 사회가 제시하는 금기가 없어서, 젊은 커플은 자신들의 힘으로 커플을 이루고 깨야 하기 때문이다.

살아가고 사랑할 자유는 이런 대가를 치르고 얻어지는 것이다.

양성애 다부다처 결혼

정상성

지금처럼 많은 자유가 허용되는 세상에서, 우리는 정상적인 성 같은 건 존재하지 않는다고 쉽게 말하는 경향이 있다. 내밀한 관계가 저마다 다르기 때문이다. 그건 자기 자신과 맺는 관계일 수도 있고, 자주 만나거나 드문드문 만나는 한 사람 또는 여러 사람과 맺는 관계일 수도 있고, 동성 또는 이성과 맺는 관계일 수도 있다. 하지만 반드시 기억해야 할 규칙이 하나 있다. 두 어른이 서로 동의해서 하는 성행위는, 강제로 이루어지지 않는 한 모두 가능하다는 사실 말이다.

역사: 이 책이 보여주었다시피, 성의 역사는 훈계와 비난으로 점철되어왔다. 각 문화와 종교, 시대는 나름대로 정상적인 상태를 정의 내리는데, 이는 각 해당 문화와 종교, 시대에만 적용된다. 가령 기독교는 재생산을 위한 성교만을 허용한다.

개인적 경험: 하지만 정상성에 대한 의문이 제기된다. 특히 성을 발견하기 시작하는 청소년이 가장 많이 제기한다. "내가 정상일까?", "내 가슴 모양은?", "내 성기의 크기는?" 그리고 오늘날처럼 성이 어디에나 존재하는 시대에는 이런 질문도 가능하다. "내가 섹스를 잘하는 연인인가?" 이런 의구심은 자연스러운 것이므로 걱정거리가 되어서는 안 된다. 성교육을 통해서, 그리고 교육자나 의사, 심리학자의 도움을 받아 청소년은 의구심을 벗고 자신감을 갖게 될 것이다.

몇 가지 잘못된 생각: 소년이 자신의 음경 크기를 걱정하는 것은 쓸데없는 고민이다. 아주 드문 특별한 경우를 제외하면, 청소년은 이런 질문을 하기 전에 자기 자신감의 크기가 어떤지부터 먼저 생각해보아야 한다! 질형인가, 클리토리스형인가? 이것도 잘못된 질문이다. 여자는 부드러움, 애무 등 여러 통로로 쾌감을 느끼기 때문이다. 오르가슴이 질에서 오든 클리토리스에서 오든 모든 오르가슴은 동등한 가치를 지닌다.

포르노 중독은 인터넷 영상이 성적 흥분과 성교육의 유일한 원천일 때 생긴다. 하지만 이런 영상은 절대로 진정한 만남을 대체할 수 없다. 이 경우에도 역시 자신감을 갖고 타인과 어떻게 관계를 맺어야 하는지 배움으로써 그런 잘못된 정보 때문에 점점 고립되는 문제를 해결할 수 있을 것이다.

유럽에서 첫 성관계를 갖는 나이: 15.6세(아이슬란드), 15.9세(독일), 16.1세(덴마크, 스웨덴), 16.5세(오스트리아, 노르웨이), 16.6세(네덜란드, 영국), 17.2세(프랑스, 벨기에), 17.5세(스페인, 그리스), 18.1세(이탈리아).

지향

지향은 한 개인이 성적으로 이끌림을 느끼는 방향을 가리킨다. 그 사람이 자신과 같은 성의 누군가에게 끌리면 우리는 동성애라고 부르고, 다른 성의 사람에게 끌리면 이성애, 두 성 모두에게 끌리면 양성애라고 한다. 종은 반드시 재생산을 해야 하므로, 주요 종교들은 항상 자식을 낳을 수 있는 결합(남자와 여자의 결합)을 옹호했고, 자식을 생산하지 못하는 관계(동성애)는 비난했다. 방금 살펴본 긴 이야기에서, 동성애 탄압이 지난 100여 년 동안 이루어져왔으며 서구 사회에서 그리 머지않은 과거에도 이루어졌음을 살펴보았다. 브뤼노 르누아르와 장 디오는 이런 탄압을 받은 마지막 인물로 꼽힌다. 이들은 1750년 7월 6일에 파리 그레브 광장에서 산 채로 화형당했다! 오늘날에도 여전히 동성애는 여섯 개 국가(사우디아라비아, 이란, 나이지리아, 모리타니, 수단, 예멘)에서 사형을 당하는 범죄이고, 100개가 넘는 국가에서 신체적 징벌이나 징역, 기소를 당하는 범죄다.

사람들이 자신의 성적 지향을 비교적 쉽게 드러낼 수 있는 서구 국가에서, 동성애자와 양성애자의 비율은 남성의 3~4퍼센트, 여성의 1~2퍼센트다. 하지만 동성애는 아직도 사회적으로 인정받지 못하고 있다. 프랑스에서 벌어진 '만인을 위한 결혼'법에 반대하는 시위가 이를 잘 보여준다.

정체성/지향: 정체성과 지향의 정의가 무엇인지 정확히 짚고 넘어갈 필요가 있다. 이 점에서 여러 혼동이 생기기 때문이다. 성적 지향은 정체성의 문제가 아니다. 지향이 무엇인지(동성애자, 이성애자, 양성애자)에 상관없이 개인은 남자 또는 여자로 살아간다. 한편 성전환증은 성 정체성에 생긴 장애다. 한 개인이 태어나면서 주어진 성과 다른 성에 속한다고 강하게 믿는 것이다. 그러므로 이 사람은 자신의 느낌과 일치하도록 자기 몸을 바꾸고 싶어 한다. 이로 인해 겪는 고통은 크다. 이는 매우 드문 생물심리학적 장애다(10만~40만 명 중 한 명).

도착

도착(perversion)은 '한 사람이 올바른 길에서 벗어남'을 뜻하는 도덕적 메시지를 담은 오래된 말이다. 이 말은 지배받고 조종당한다는 생각과도 연결된다. 이 말에는 도덕적 판단이 따르기 때문에 요즘에는 '이상 성욕(paraphilie)'이라는 말을 쓰는 편이다. 이 용어는 한 사람을 괴롭히는 강박적인 성적 환상을 뜻한다.

이상 성욕에는 여러 가지가 있다. 노출증(자신의 성기를 드러내고 여기에서 쾌감을 느끼는 것), 관음증(다른 사람의 나체나 성생활을 엿보는 데서 쾌감을 느끼는 것), 페티시즘(어떤 물건이나 자신이 좋아하는 사람의 신체 일부에 흥분하는 것), 피학성애(고통에서 쾌감을 찾는 것), 가학성애(타인에게 고통을 강요함으로써 쾌감을 느끼는 것), 의상도착(자신과 다른 성의 옷을 착용하는 것), 동물성애(동물을 욕망의 대상으로 삼는 것)를 비롯해 모든 종류의 기이한 성 행동이 여기에 포함된다. 이는 쾌감을 느끼는 특별한 방식으로, 많은 경우에 병적이다. 이런 행위가 어른들 사이에서 이루어지고 파트너가 아무것도 강요받지 않는 한, 이런 행위는 법적으로 처벌할 수 없다. 만일 이런 행위가 미성년자를 대상으로 이루어지면(소아성애), 이 행위를 신고하고 고소해야 한다. 폭넓은 자유가 허용된 우리 사회에서 두 어른이 서로 동의해서 하는 친밀한 행위에 대해서는 도덕적 판단을 하지 않는다. 하지만 절대로 해서는 안 될 금지 사항이 있다. 바로 어른의 성이 어린이나 청소년의 성에 끼어드는 일, 이른바 소아성애다.

도착적 성격: 하지만 우리는 한 사람이 다른 사람을 강제로 지배하는 현상을 일컬어 '도착적 성격'이라는 말을 계속해서 사용한다. 이러한 지배 행위는 처벌받아야 한다. 성폭행을 한 사람을 신고하고 고소해야 하며, 그 피해자는 도움을 받아야 한다.

매춘

'세계에서 가장 오래된 직업'은 모든 사람이 성에 접근하는 것을 제한하는 금기가 정착한 이후에 나타난 것으로 보인다. 이른바 '최초의' 공동체에서는 유년기부터 성적 유희를 할 수 있었고, 따라서 성적 좌절감을 거의 느끼지 않았다. 그러다가 인류의 특징인 남성 지배 현상이 나타나는 등 좀 더 복잡한 사회가 되자 일부 지배적 수컷이 암컷들을 붙들어놓으면서 불평등이 생겼다. 그러자 음식이나 선물, 돈과 같은 이득을 대가로 성을 교환하는 일이 나타났다. 그리고 복혼제가 이루어지는 전통 사회에서는 당연히 '성의 혜택을 받지 못하는 사람'이 생겼다.

우리는 인류의 오랜 성의 역사에서 매춘이 생기고 발달하는 과정을 보았다. 매춘은 처음에 종교시설 내에 생겼다가 국가기관(아테네의 공창)을 통해 이루어졌으며, 가난과 전쟁, 이민, 절망 등으로 인해 급속히 늘어났다.

세계화: 불행히도 매춘은 세계화됐다. 매춘을 하는 사람이 남성이든 여성이든, 어른이든 어린이든, 매춘은 항상 사람을 노예화하며 대부분 성 관광산업으로 유지된다. 전 세계에서 매춘에 종사하는 인구는 4000만 명 정도로 추정되는데, 이들 열 명 중 아홉 명은 포주에게 의존한다. 매춘을 하는 사람 대부분이 어린 시절에 성폭행을 당했다는 사실도 잘 알려져 있다(매춘을 하는 남녀의 75~90퍼센트가 성폭력, 특히 근친상간을 당한 경험이 있다).

이른바 선진국에서는 성적 좌절감이 덜하고 부부간의 에로틱한 성행위가 자리 잡으면서 매춘은 사회 주변부에서만 조금 이루어지는 실정이다. 많은 국가(유럽의 일부 국가, 러시아, 캐나다, 오스트레일리아, 남아메리카 등)에서는 매춘을 처벌하지 않도록 법을 수정했지만, 매춘 알선은 처벌하고 있다. 다른 나라(미국, 인도, 중국 등)에서는 매춘이 불법이지만, 그 대신 불법적인 매춘 알선이 활개를 치고 있다.

폐지할 것인가, 규제할 것인가. 두 견해는 여전히 맞서고 있다. 매춘은 인간을 착취하는 일이므로 폐지해야 하는가? 아니면 그저 규제하면 되는 평범한 활동인가?

† Bordel. 본뜻은 '유곽'. 감탄사로 '제길', '빌어먹을'의 뜻.
† putain. 본뜻은 '창녀', '제길', '빌어먹을'의 뜻.
‡ Langue de pute. '남을 비방하고 다니는 사람'.
‡‡ Catin. '행실이 나쁜 여자', '창녀'.

찾아보기

인물

가브리엘 데스트레 111, 113
경건왕 로베르 94
귀스타브 쿠르베 157
귀스타브 플로베르 154, 156
그레고리 핑쿠스 176
기 드 모파상 154
길가메시 37
나르키소스 54
나탈리 리키엘 186
나폴레옹 136, 146, 148, 149
네로 84
노엘 마메르 185
니콜라스 베네트 121
데스몬드 모리스 15
데이비드 해밀턴 180
드니 디드로 128, 130, 141
디오니소스 6, 54, 62, 63, 74, 78
라 페로니 136
람세스 2세 6, 45, 46, 50
레오나르도 다빈치 6, 114, 115
루돌프 발렌티노 180
루이 14세 136
루이 15세 6, 136, 137, 145
리타 헤이워스 180
리하르트 폰 크라프트에빙 162
마거릿 생어 171
마르쿠스 51, 52, 79, 80
마르트 리샤르 174
말런 브랜도 180
매스터스 177
메릴린 먼로 180
메살리나 83, 84
메이 웨스트 180
미셸 드 몽테뉴 6, 107
미셸 푸코 179
미켈란젤로 6, 114, 115
바쿠스 6, 74, 77, 78
버지니아 존슨 177
베누스 37, 74, 111, 116, 141
베커스(박사) 123
부갱빌 156
브랑톰 108, 112
브리지트 바르도 180
빅토르 위고 158
빅토리아 여왕 150, 151
빌헬름 라이히 173, 179
사드 후작 128, 141, 144, 145
사뮈엘 오귀스트 티소 124
사포 72
생시몽 136

생트뵈브 158
샤를 보들레르 154, 157
성 아우구스티누스 88, 89, 92, 101
성 토마스 아퀴나스 101
성 파울로스 86
성왕 루이 202
세르주 보로노프 172
소크라테스 69, 70, 71
소피아 로렌 180
슈발리에 데옹 6, 141, 145
스탕달 161
시몬 드 보부아르 175
아그리피나 83, 84
아담 20, 21, 122
아도니스 57, 58
아르튀르 랭보 154, 164
아리스토텔레스 72, 89, 101, 114
아리스토파네스 70, 71
아벨라르 99
아우구스투스 82
아폴론 54
아프로디테 37, 54, 56~59, 62, 74
아피스 44, 54
안드로마케 92
안톤 판 레이우엔훅 120, 121
알렉산드로스 대왕 40
알프레드 드 뮈세 159
앙드레 지드 164
앙리 3세 112
앙리 4세 6, 113
앙리 8세 136
앙리 드 툴루즈 로트레크 154
앙투안 바토 136
앨버트 공 6, 150, 151
앨프리드 킨제이 173, 175, 177
에두아르 마네 104, 157
에로스 54, 59, 66
에른스트 그레펜베르크 172
에밀 졸라 157
에티엔 드 라 보에티 107
엘로이즈 99
오기노 172
오난 123, 124
오노레 드 발자크 161
오비디우스 76, 82
오스카 와일드 164
오시리스 42~44, 54
오이디푸스 25, 54, 61, 170, 182
유피테르 74, 70
율리우스 카이사르 51, 76, 78
이브 20, 21, 134
이슈타르 32~38, 54
이시스 42, 43, 50, 54
잔 다르크 102
장 오노레 프라고나르 139
장 자크 루소 125, 130

장 폴 사르트르 127
제라르 드 네르발 154
제우스 54, 58~61, 71, 74
제임스 딘 180
조르주 상드 159
조세핀 버틀러 155
주디스 버틀러 184
쥘리에트 드루에 202
지그문트 프로이트 25, 115, 127, 169, 170, 173
찰스 다윈 24
카사노바 6, 141~143
칼리굴라 83
콜레트 168
크리스토퍼 콜럼버스 106, 116
클레오파트라 6, 51, 52, 76
테레자 탈리앵 146
테이레시아스 60, 61
토마스 산체스 118
티치아노 111
폴 고갱 154
폴 베를렌 164
폴 푸아레 167
퐁파두르 후작 부인 137, 139
프랑수아 1세 136
프랑수아 부셰 136, 139
프레데리크 쇼팽 159
프리아포스 6, 54, 62, 64, 76, 77
프톨레마이오스 13세 51
프톨레마이오스 14세 51
플라톤 69, 70, 72
함무라비 36
헤라 61, 62, 85
헤르메스 54, 57, 59
헨리 밀러 175
호루스 43
히포크라테스 64, 72

단어

가부장제 203
가족 90, 94, 117, 131, 178, 179, 184, 194
가족계획 171, 176
가학성애 162, 200
간통 31, 75, 90, 92, 109, 110, 155, 158, 182, 188, 196
감각적 쾌락 89, 98
강간 18, 135, 155, 161, 196
강제 이혼 94
개미 52, 60
거세 84, 99, 170
검열 118, 135, 157, 181, 195
게이 프라이드 179, 185
결혼 24, 29, 67, 75, 84, 86, 90, 92, 93, 106, 107, 109, 112, 117, 131~134, 136, 148, 152, 159, 161, 175, 176, 185, 187, 197

경구용 피임약 176	부부간의 의무 117, 153	정부(애인) 113, 137, 146, 159
고환 76, 117, 122, 172	브래지어 166	정상 체위 92, 154
교미(성교) 11, 17~19, 24, 44, 60, 152, 195	비데 138, 139	정신의학 162, 163, 171
교황 100, 118, 125, 172, 176, 188	비아그라 182	정액 41, 72, 104, 122, 124
귀두 49, 151	비키니 167	정자 120~122, 188
규방 31, 75, 98	사랑 19	정조대 95, 127
그레이하운드 개의 암컷(후배위) 92, 154	사정 122	정중한 사랑 88, 96, 98, 99
근친상간 21, 24, 25, 31, 41, 46, 83, 94, 170, 196	사제 91, 125, 141, 154	젠더 연구 184
금기 166, 181, 196	사탄 101, 104	족외혼 24, 25
금서 118, 121, 141, 157, 163	사티리콘 76	종교재판 101, 103, 104, 142
금욕 92, 196	색욕 104	종마 152
기독교인 85, 89	성감대 13	죄 88, 153, 166
기회주의 15	성경 20, 106, 118, 123, 124	지배 14
끈 팬티 167	성과학 121, 160, 162, 171	지스팟 172
나체주의 167	성교 89, 194	진동 딜도(섹스 토이) 52, 186
낙태 135, 171, 179, 195	성교 중절 124, 135	질 12, 13, 177
난교 63, 64, 74, 77, 78, 83, 86	성교육 160, 187, 195	질투 96, 109
난소의 난포(난자) 120, 121	성기 가리개 15	질형 6, 198
남근 43, 63, 81	성 도착자 126, 169, 200	짐바브웨 10
남색 6, 65~68, 75, 106, 163, 164, 173	성병 7, 141, 154, 168, 189, 195	처녀성 24, 93, 103, 153, 181
남성 지배 24, 64, 75, 86, 101, 107, 109, 120, 179, 197, 201	성적 방종 203	《천일야화》 156
남성의 성 불능 160	성적 불충실 95	첫눈에 반함 194
노예 80	성적 수치심 6, 19, 21, 148, 166, 167, 195	청교도주의 148, 151
노출(증) 92, 111, 146, 169, 200	성적 지향 7, 66, 164, 184, 187, 199	체육관 65
님포마니아 59, 83	성적 충실 90	초야권 6, 95
단혼제 197	소아성애 173, 196, 200	최음제 76, 144
대리모 출산 187, 188	수도원(수녀원) 91, 93	침팬지 10, 11, 18, 25, 172, 195
《데카메론》 101	수선화 138	《카마수트라》 156
동거 89, 91, 93, 181	숫처녀 102	칸타리스 144
동물 성애 203	스와핑 182, 185	콘돔 47, 116, 141, 181, 189, 195
동성애 31, 50, 66, 67, 72, 75, 83, 101, 106, 107, 112, 113, 115, 130, 146, 162~164, 166~168, 170, 171, 173, 175, 179, 181, 182, 184, 185, 187~189, 196, 199	십자군 90, 94~96	쿠닐링구스 80, 106, 175
	악마 103, 104	클리토리스 오르가슴 98, 170, 198
	악어 14	클리토리스(음핵) 49, 60, 125, 170, 177
	애정 표현 19	키스 80, 194
	양성애 66, 184, 185, 187, 197, 199	파라오 45, 47, 50
동성애 혐오 67, 185	엉덩이 13, 57, 146	팍스(PACS) 182
리비도 169, 170, 173	에이즈 181, 189	페미니즘 127, 164, 166, 168
마녀 102~104	에티오피아 10	페티시즘 162, 185, 200
매독 116, 136, 154, 174, 181	여성 혐오 51, 66, 72, 89, 101, 161	펠라티오 6, 31, 52, 68, 80, 106, 175
매춘부, 남창 47, 67, 91~93, 144, 177	오나니슴 123, 124, 127	포도주 78, 80
매춘업소(유곽) 69, 79, 95, 100, 101, 142, 144, 154, 155, 168, 174	오르가슴 92, 144, 172, 173, 177, 198	포르노그래피 152
	오이디푸스 콤플렉스 170	폼페이 85
메소포타미아 28	올리스보스 72	피아노 152
모노키니 167	울대뼈 13	피어싱 6, 151
미뇽 112	음경 뼈 11, 13	피임 47, 134, 149, 171, 172
바빌론 4, 27~31, 40, 46	음경(페니스) 13, 170, 172, 177	피학성애 200
바쿠스제 6, 78	음유시인 96, 97	할례 49
바티칸 100, 118, 176	음핵 절제 49	항문 104
발기 151, 160	이라크 28	항문 성교(소도미) 30, 68, 106, 115, 144, 164, 175, 196
발정기 11	이상 성욕 200	
뱀 21, 60, 104	이성애 66, 83, 106, 163, 184, 185, 199	헤르마프로디토스(양성구유자) 34, 59, 145, 158
벌(동물) 52, 173	이혼 149, 184	현미경 120, 121
베르사유 136~138	임신 90, 91	호모 하빌리스 12, 13
복음서 86	자궁 내 피임 장치 203	호미니드 10, 14
복혼제 197, 201	자위 41, 106, 120, 121, 123~127, 135, 175, 196	히스테리 72
		히피 179

203

참고문헌

여러 저서의 도움을 받아 수 세기, 수천 년에 걸친 이 기나긴 성의 역사를 쓸 수 있었다. 그리고 사용자들의 참여로 만들어지는 온라인 백과사전 '위키백과'의 도움도 받았다. 위키백과로 풍부한 정보 교차 검색이 가능했다.

제1장 기원

부르디외 P.(Bourdieu P.), *La Domination masculine*. 파리, 쇠이유, 1998.

브르노 P.(Brenot P.), "Homo sur-naturalis, l'hominisation dénaturante". 토피크, 2000년 제73호, 23~25쪽.

코팡 Y.(Coppens Y.), 스뉘 B.(Senut B.), *Origine(s) de la bipédie chez les hominidés*. 파리, CNRS 출판부, 1991.

코팡 Y.(Coppens Y.), *L'Odyssée de l'espèce*. EPA, 2003.

들뤽 G.(Delluc G.), *Le Sexe au temps des Cro-Magnons*. 페리괴, 필로트 24, 2006.

디아몽 J.(Diamond J.), *Le Troisième Chimpanzé*. 파리, 갈리마르, 2000.

뒤아르 J.-P.(Duhard J.-P.), *Réalisme de l'image masculine paléolithique*. 그르노블, 제롬 미용 출판사, 1996.

뒤아르 J.-P.(Duhard J.-P.), 들뤽 B.(Delluc B.), 들뤽 G.(Delluc G.), *Représentation de l'intimité féminine dans la paléolitique en France*. 리에주, 에롤, 2014.

엘리아드 M.(Eliade M.), *Le Chamanisme et les techniques archaïques de l'extase*. 파리, 파요, 1950.

엘리아드 M.(Eliade M.), *La Nostalgie des origines*. 파리, 갈리마르, 1991.

페디간 L. M.(Fedigan L. M.), *Primates Paradigms*. 몬트리올, 에덴 출판사, 1982.

피셔 H. E.(Fisher H. E.) *La Stratégie du sexe*. 파리, 칼만-레비, 1983.

프로이트 S.(Freud S.) *Totem et tabou. In: OEuvres complètes*, 파리, PUF, 1998.

가뇽 J.(Gagnon J.), *Les Scripts de la sexualité*, 파리, 파요, 2008.

피크 P.(Picq P.), *Les Animaux amoureux*. 파리, 르 센, 2007.

피크 P.(Picq P.), 브르노 P.(Brenot P.), *Le Sexe, l'Homme et l'Évolution*. 파리, 오딜 자콥, 2009.

비알루 D.(Vialou D.), *La Préhistoire*. 파리, 갈리마르, 2006.

분쉬 S.(Wunsch S.), *Comprendre les origines de la sexualité humaine*. 보르도, 레스프리 뒤 탕, 2014.

제2장 바빌론, 자유로운 사랑

빅스 R. D.(Biggs R. D.), *Ancient Mesopotamian Potency Incantations*. 뉴욕, 로커스트 밸리, 1967.

보테로 J.(Bottéro J.), *Mythes et rites de Babylone*. 파리, 1985.

보테로 J.(Bottéro J.), *Mésopotamie: L'Écriture, la raison et les dieux*. 파리, 갈리마르, 1987.

보테로 J.(Bottéro J.), *L'Épopée de Gilgamesh*. 파리, 갈리마르, 1992.

피네 A.(Finet A.)(번역), *Le Code de Hammurabi*. 파리, 세르, 2002.

프리샤우어 P.(Frischauer P.), *L'archéologie de la sexualité*. 파리, 스톡, 1969.

요아네스 F.(Joannès F.)(감수) *Dictionnaire de la civilisation mésopotamienne*. 파리, 로베르 라퐁, 2001.

레빈손 R.(Lewinsohn R.), *Histoire de la vie sexuelle*. 파리, 파요, 1957.

태너힐 R.(Tannahill R.), *Le Sexe dans l'histoire*. 파리, 로베르 라퐁, 1982.

위르트 O.(Wirth O.), *Le Poème d'Ishtar*. 라욜, 알리앙스 마지크, 2013.

제3장 이집트, 평등 사회

데로슈노블쿠르 C.(Desroches-Noblecourt C.), *Vie et mort d'un pharaon, Toutankhamon*. 파리, 피그말리옹, 1990.

데로슈노블쿠르 C.(Desroches-Noblecourt C.), *La Femme au temps des pharaons*. 파리, 리브레리 제네랄 프랑세즈, 2008.

롱도 V.(Rondot V.), *Derniers Visages des dieux d'Égypte*. 파리, 파리소르본 대학 출판부, 2013.

베르뉘 P.(Vernus P.), 레싱 E.(Lessing E.), *Dieux de l'Égypte*. 파리, 앵프리므리 나시오날, 1998.

웨스터마크 E. A.(Westermarck E. A.), *The History of Human Marriage*. 런던, 1891.

제4장 그리스, 사랑의 만신전

브르노 P.(Brenot P.), *Le Vin et l'Amour*. 보르도, 페레 출판사, 2009.

뷔피에르 F.(Buffière F.), *Éros adolescent*. 파리, 레 벨 레트르, 1982.

도버 K. J.(Dover K. J.), *Homosexualité grecque*. 그르노블, 라 팡세 소바주, 1982.

뒤비 G.(Duby G.), 페로 M.(Perrot M.)(감수) *Histoire des femmes en Occident. Vol. 1: L'Antiquité*. 파리, 플롱, 1991.

위페르 O.(Iupperts O.), "L'Homosexualité en Grèce et à Rome". In: 올드리치 R.(Aldrich R.), *Une histoire de l'homosexualité*. 파리, 쇠이유, 2006, 29~56쪽.

레빈손 R.(Lewinsohn R.), *Histoire de la vie sexuelle*. 파리, 파요, 1957.

플라톤(Planton), *Le Banquet*. 파리, 플라마리옹, 2008.

사르트르 M.(Sartre M.), *Histoires grecques*. 파리, 쇠이유, 2009.

슈미트 J.(Schmidt J.), *Éros parmi les dieux*. 파리, 라 뮈자르댕, 2003.

제5장 로마, 영예와 쇠퇴

카롱베르샤브 L.(Caron-Verschave L.), 페룰 Y.(Ferroul Y.), *Le mariage d'amour n'a que 100 ans*. 파리, 오딜 자콥, 2015.

드 카로 S.(De Caro S.)(감수), *Le Cabinet secret du Musée archéologique national de Naples*. 나폴리, 엘렉타 나폴리, 2000.

엥리슈 P.(Englisch P.), *L'Histoire de l'érotisme en Europe*. 파리, 프랑수아 알도르 출판사, 1933.

로 뒤카(Lo Duca), *Histoire de l'érotisme*. 파리, 라 죈 파르크, 1969.

키냐르 P.(Quignard P.), *Le Sexe et l'Effroi*. 파리, 갈리마르, 1994.

사르트르 M.(Sartre M.), 트라누아 A.(Tranoy A.), *La Méditerranée antique(IVe siècle av.J.-C.-IIIe siècle ap.J.-C.)*. 파리, 아르망 콜랭, 1997.

사르트르 M.(Sartre M.), *Le Haut-Empire romain*. 파리, 쇠이유, 1997.

제6장 중세, 지옥과 천국

보댕 J.(Bodin J.), *De la démonomanie des sorciers*. 앙제, 1580.

볼로뉴 J. C.(Bologne J. C.), *Histoire du mariage en Occident*. 파리, 아셰트, 1995.

부로 A.(Boureau A.), *Le Droit de cuissage, La Fabrication d'un mythe (XIIIe-XXe siècle)*. 파리, 알뱅 미셸, 1995.

브르노 P.(Brenot P.), *Inventer le couple*. 파리, 오딜 자콥, 2001.

뒤비 G.(Duby G.), 페로 M.(Perrot M.)(감수), *Histoire des femmes en Occident. Vol. 2: Le Moyen Âge*. 파리, 플롱, 1991.

뒤비 G.(Duby G.), "La Femme, l'Amour et le Chevalier". In: *Amour et sexualité en Occident*. 파리, 쇠이유, 1991.

페룰 Y.(Ferroul Y.), *Ces hommes qui n'aimaient pas les femmes*. 킨들 전자책, 2013.

그로셀 M.-G.(Grossel M.-G.), *Chansons d'amour du Moyen Âge*. 파리, 리브르 드 포슈, 1995.

로시오 J.(Rossiaud J.), *Amours vénales*. 파리, 오비에, 2000.

로시오 J.(Rossiaud J.), *Sexualités au Moyen Âge*. 파리, 지스로 출판사, 2012.

퇼레 J.(Teulé J.), *Héloïse, ouille!* 파리, 쥘리아르, 2015.

징크 M.(Zink M.)(감수), *Chansons d'amour du Moyen Âge*. 파리, 리브레리 제네랄 프랑세즈, 1995.

헤르게뮐러 B.-U.(Hergemöller B.-U.), "Le Moyen Âge". In: 올드리치 R.(Aldrich R.), *Une histoire de l'homosexualité*. 파리, 쇠이유, 2006. 57~78쪽.

제7장 르네상스 시대, 화가와 그 모델

아리에스 P.(Ariès P.), 뒤비 G.(Duby G.)(감수), *Histoire de la vie privée. Vol. 3: De la Renaissance aux Lumières*. 파리, 쇠이유, 1986.

베로알드 드 베르빌 F.(Béroalde de Verville F.), *Le Moyen de parvenir*. 파리, 폴리오, 2006.

브랑톰(Brantôme), *Vies des dames galantes*. 파리, 갈리마르, 1991.

브르노 P.(Brenot P.), *Les Médecins de l'amour*. 파리, 질마, 1998.

코퀼라바이예르 A-M.(Cocula-Vaillères A.-M.), 브랑톰(Brantôme), *Amour et gloire au temps des Valois*. 파리, 알뱅 미셸, 1986.

다르몽 P.(Darmon P.), *Le Tribunal de l'impuissance*. 파리, 쇠이유, 1979.

도마 M.(Daumas M.), *Au bonheur des mâles*. 파리, 아르망 콜랭, 2007.

아레티노 P.(Aretino P.), *Les Sonnets luxurieux*. 로마, 1527.

로리스 G. 드(Lorris G. de), 묑 J. 드(Meung J. de), *Le Roman de la rose*. 파리, 플라마리옹, 1992.

몽테뉴(Montaigne), *Essais*. 전3권. 파리, 가르니에, 1969.

뮈샹블레 R.(Muchembled R.), *Passions de femmes au temps de la reine Margot*. 파리, 쇠이유, 2003.

나바르 M. de(Navarre M. de), *L'Heptaméron*. 파리, 플라마리옹, 1982. F

라블레 F.(Rabelais F.), *Le Tiers Livre*. 파리, 르 리브르 드 포슈, 1997.

세르장 B.(Sergent B.), *L'Homosexualité initiatique dans l'Europe ancienne*. 파요, 1986.

비가렐로 G.(Vigarello G.)(감수), *Histoire du corps. Vol. 1: De la Renaissance aux Lumières*. 파리, 푸앙 쇠이유, 2005.

비용 F.(Villon F.), *OEuvres*. 파리, 샹피옹, 1991.

제8장 저주받은 엠(M)

브르노 P.(Brenot P.), *Nouvel Éloge de la masturbation*. 보르도, 레스프리 뒤 탕, 2013.

디드로 D.(Diderot D.), "Le Rêve de d'Alembert". In: *Correspondance littéraire, philosophique et critique*, 1830.

페리에 B.(Ferrier B.), *Un plaisir maudit, enjeux de la masturbation*. 파리, 라 뮈자르딘, 2000.

지라르 R.(Girard R.), *Le Bouc émissaire*. 파리, 그라세, 1982.

라케 T.(Laqueur T.), *Le Sexe en solitaire*. 파리, 갈리마르, 2005.

티소 S. A.(Tissot S. A.), *L'Onanisme, Essai sur les maladies produites par la masturbation*. 로잔, 그라세, 1758.

바그너 W.(Wagner W.), "Les Mots pour le dire ou la dialectique de l'aveu". In: 웨브(Webb), *Marie Cardinal: New Perspectives*. 베른, 랭, 2006.

제9장 계몽주의와 억압, 성적 방탕

아리에스 P.(Ariès P.), *L'Enfant et la vie familiale sous l'Ancien Régime*. 파리, 쇠이유, 1973.

코르뱅 A.(Corbin A.), *Le Miasme et la Jonquille*. 파리, 오비에, 1982.

도마 M.(Daumas M.), *Le Mariage amoureux*. 파리, 아르망 콜랭, 2004.

들뤼모 J.(Delumeau J.), *La Peur en Occident (XIVe-XVIIIe siècle)*. 파리, 파야르, 1990.

플랑드랭 J.-L.(Flandrin J.-L.), *Les Amours paysannes (XIVe-XVIIIe siècle)*. 파리, 갈리마르, 1975.

푸코 M.(Foucault M.), *Histoire de la sexualité. Vol. 1: La Vonlonté de savoir*. 파리, 갈리마르, 1976.

구디 J.(Goody J.), *L'Évolution de la famille et du mariage en Europe*. 파리, 아르망 콜랭, 1985.

라케 T.(Laqueur T.), *Le Sexe en solitaire*. 파리, 갈리마르, 2005.

르 게레르 A.(Le Guérer A.), *Les Parfums à Versailles aux XVIIe et*

XVIIIe siècles. Courdefrance.fr, 2008.

사드 D. A. F. 드(Sade D. A. F. de), 안프로스페르 드 로네(Anne-Prospère de Launay), "L'amour de Sade", lettres retrouvées. 파리, 갈리마르, 2003.

사드 D. A. F. 드(Sade D. A. F. de), Les Cent Vingt Journées de Sodome. 파리, S & C, 1931.

쇼터 E.(Shorter E.), Le Corps des femmes. 파리, 쇠이유, 1984.

반 우셀 J.(Van Ussel J.), Histoire de la répression sexuelle. 파리, 로베르 라퐁, 1972.

비가렐로 G.(Vigarello G.), Le Propre et le Sale. 파리, 쇠이유, 1985.

비가렐로 G.(Vigarello G.), Histoire du viol (XVIe-XXe siècle). 파리, 쇠이유, 1998.

제10장 19세기, 고지식한 사람들과 매춘

보두앵 C.(Baudouin C.), Psychanalyse de Victor Hugo. 파리, 이마고, 2008.

보나파르트 N.(Bonaparte N.), Le Masque prophète. 보르도, 레스프리 뒤 탕, 2011.

브르노 P.(Brenot P.), Homo ou hétéro, est-ce un choix? 보르도, 레스프리 뒤 탕, 2015.

카스텔로 A.(Castelot A.), Bonaparte. 파리, 페랭, 2008.

코르뱅 A.(Corbin A.)(감수), Histoire du corps. Vol. 2: De la Révolution à la Grande Guerre. 파리, 푸앙 쇠이유, 2005.

코르뱅 A.(Corbin A.), Les Filles de noce. 파리, 오비에, 1978.

데케르 M. 드(Decker M. de), Hugo, Victor pour ces dames. 파리, 벨퐁, 2002.

크니빌레르 Y.(Knibiehler Y.), La Sexualité et l'histoire. 파리, 오딜 자콥, 2002.

크라프트에빙 R. 폰(Krafft-Ebing R. von), Psychopathia sexualis. 빈, 1886. 파리, 포켓, 1999.

피가옘 H.(Pigaillem H.), Dictionnaire des favorites. 파리, 피그말리옹, 2010.

타마뉴 F.(Tamagne F.), "L'Âge de l'hoosexualité, 1870-1940". In: 올드리치 R.(Aldrich R.), Une histoire de l'homosexualité. 파리, 쇠이유, 2006. 167~196쪽.

브브레 J.(Vebret J.), Les Amours orageuses de Napoléon. 파리, 레제디시옹 뒤 모망, 2013.

제11장 20세기, 성해방

브르노 P.(Brenot P.), Les Femmes, le Sexe et l'Amour. 파리, 레자렌, 2012.

브르노 P.(Brenot P.), Un jour mon prince.... 파리, 레자렌, 2013.

쿠르틴 J.-J.(Courtine J.-J.)(감수), Histoire du corps. Vol. 3: Les Mutations du regard. Le XX e siècle. 파리, 푸앙 쇠이유, 2006.

디 폴코 P.(Di Folco P.)(감수), Dictionnaire de la pornographie. 파리, PUF, 2005.

프로이트 S.(Freud S.), Trois Essais sur la théorie de la sexualité. 파리, 갈리마르, 1968.

킨제이 A. C.(Kinsey A. C.) 외, Le Comportement sexuel de l'homme. 파리, 뒤 파부아 출판사, 1948.

마메르 N.(Mamère N.), Éloge du mariage pour tous. 보르도, 레스프리 뒤 탕, 2013.

매스터스 W. H.(Masters W. H.), 존슨 V. E.(Johnson V. E.), Les Réactions sexuelles. 파리, 로베르 라퐁, 1968.

몽트레노 F.(Montreynaud F.), Le XX e siècle des femmes. 파리, 나탕, 1989 (2001년 재판).

모쉬라보 J.(Mossuz-Lavau J.)(감수), Dictionnaire des sexualités. 파리, 로베르 라퐁, 2014.

테리 I.(Théry I.), Le Démariage. 파리, 오딜 자콥, 1993.

제12장 미래의 섹스

바조스 N.(Bajos N.), 보종 M.(Bozon M.)(감수), Enquête sur la sexualité en France. 파리, 라 데쿠베르트, 2008.

보니에르발 M.(Bonierbale M.), 보종 M.(Bozon M.), 구용 P.-H.(Gouyon P.-H.), À quoi sert le sexe? 파리, 베를랭, 2015.

브르노 P.(Brenot P.), Les Violences ordinaires des hommes envers les femmes. 파리, 오딜 자콥, 2008.

맥케이 J.(Mackay J.) Atlas de la sexualité dans le monde. 파리, 오트르망, 2000.

메모

알베로니 F.(Alberoni F.), Le Choc amoureux. 파리, 람세, 1981.

브르노 P.(Brenot P.), Inventer le couple. 파리, 오딜 자콥, 2001.

브르노 P.(Brenot P.)(감수), Dictionnaire de la sexualité humaine. 보르도, 레스프리 뒤 탕, 2004.

브르노 P.(Brenot P.), L'Éducation à la sexualité. 파리, PUF, 2007.

카탕 N.(Cattan N.), 르루아 S.(Leroy S.), Atlas mondial des sexualités. 파리, 오트르망, 2013.

샤르프넬 Y.(Charpenel Y.)(셀 재단Fondation Scelles), Rapport mondial sur l'exploitation sexuelle: la prostitution au coeur du crime organisé. 파리, 에코노미카, 2012.

응우옌 S.(Nguyen S.), Comment aider une victime de viol ou d'inceste. 보르도, 레스프리 뒤 탕, 2011.

폴리스 C.(Paulis C.), "Interdit". In: 브르노 P.(Brenot P.), Dictionnaire de la sexualité humaine. 보르도, 레스프리 뒤 탕, 2004. 365~369쪽.

세갈렌 M.(Segalen M.), Éloge du mariage. 파리, 갈리마르, 2003.

저자들의 책

필리프 브르노

《잠의 말Les Mots du sommeil》(레스프리 뒤 탕, 1991)
《몸의 말Les Mots du corps》(레스프리 뒤 탕, 1992)
《고통의 말Les Mots de la douleur》(레스프리 뒤 탕, 1992)
《섹스의 말Les Mots du sexe》(레스프리 뒤 탕, 1993, 2002)
《성과학La Sexologie》(PUF, 1994, 2003)
《성교육L'Éducation à la sexualité》(PUF, 1996, 2005, 2007)
《감정Les Émotions》(쥘마, 1998)
《긴장완화La Relaxation》(PUF, 1998, 2003)
《긴장완화와 성Relaxation et Sexualité》(쉬잔 케페스Suzanne Képès와 공저, 오딜 자콥, 1998)
《사랑의 의사들Les Médecins de l'amour》(쥘마, 1998)
《연애편지에 대하여De la lettre d'amour》(쥘마, 2000)
《정신분석학 500년500 Ans de psychiatrie》(레스프리 뒤 탕, 2001)
《커플 만들기Inventer le couple》(오딜 자콥, 2001)
《섹스와 사랑Le Sexe et l'Amour》(오딜 자콥, 2003)
《아르튀르와 클로에의 일기Le Journal d'Arthur et Chloé》(오딜 자콥, 2004)
《인류 성 사전Le Dictionnaire de la sexualité humaine》(레스프리 뒤 탕, 2004)
《성과학의 역사Histoire de la sexologie》(레스프리 뒤 탕, 2005)
《유실된 원고, 가리/아자르Le Manuscrit perdu. Gary/Ajar》(레스프리 뒤 탕, 2005)
《정신의학 사용법Psy, mode d'emploi》(레스프리 뒤 탕, 2007)
《회화와 음악, 문학에서 천재와 광기Le Génie et la Folie en peinture, musique et littérature》(오딜 자콥, 2007)
《여성에 대한 남성의 일상적 폭력Les Violences ordinaires des hommes envers les femmes》(오딜 자콥, 2008)
《섹스, 인간, 진화Le Sexe, l'Homme et l'Évolution》(파스칼 피크Pascal Picq와 공저, 오딜 자콥, 2009)
《포도주와 사랑Le Vin et l'Amour》(페레, 2009)
《남자, 섹스, 사랑Les Hommes, le Sexe et l'Amour》(레자렌, 2011)
《성과학이란 무엇인가?Qu'est-ce que la sexologie?》(파요, 2012)
《여자, 섹스, 사랑Les Femmes, le Sexe et l'Amour》(레자렌, 2012)
《로맹 가리, 카체프에서 아자르까지Romain Gary, de Kacew à Ajar》(레스프리 뒤 탕, 2013)
《새로운 자위 예찬Nouvel Éloge de la masturbation》(레스프리 뒤 탕, 2013)
《향기와 사랑Le Parfum et l'Amour》(레스프리 뒤 탕, 2013)
《R. 가리 소개, 죽은 이들의 포도주Présentation de R. Gary, Le Vin des morts》(갈리마르, 2014)
《호모냐 헤테로냐, 선택의 문제일까?Homo ou hétéro, est-ce un choix?》(레스프리 뒤 탕, 2015)

레티시아 코랭

《노인들의 멋진 세계, 1·2권Le Monde merveilleux des vieux, Tomes 1 et 2》(드러그스토어/글레나, 2008-2009)
《신의 문제La Question de Dieu》(파트 페르나Pat Perna와 공저) (12bis, 2011)
《노인이 지배하는 세상La Péril vieux》(위고 에 시, 2014)
《학교 운동장으로 난 창문Fenêtre sur cour d'école》(다르고, 2014)

만화로 보는
성sex의 역사

'섹스'에 관한 과감하고도 장대한 인류학적 서사시

초판 1쇄 발행   2017년 11월 3일

지은이   필리프 브르노
그린이   레티시아 코랭
옮긴이   이정은

펴낸이   김한청
편집   오효순
마케팅   최지애
표지디자인   김지혜

펴낸곳   도서출판 다른
출판등록   2004년 9월 2일 제2013-000194호
주소   서울시 마포구 동교로27길 3-12 N빌딩 3층
전화   02-3143-6478
팩스   02-3143-6479
블로그   blog.naver.com/darun_pub
트위터   @darunpub
페이스북   /darunpublishers
메일   khc15968@hanmail.net
ISBN   979-11-5633-179-7 03900

• 잘못 만들어진 책은 구입하신 곳에서 바꾸어 드립니다.
• 값은 뒤표지에 있습니다.
• 이 책은 저작권법에 의해 보호를 받는 저작물이므로,
  서면을 통한 출판권자의 허락 없이 내용의 전부 혹은 일부를 사용할 수 없습니다.
• 이 도서의 국립중앙도서관 출판시도서목록(CIP)은 서지정보유통지원시스템 홈페이지
  (http://seoji.nl.go.kr)와 국가자료공동목록시스템(http://www.nl.go.kr/kolisnet)에서
  이용하실 수 있습니다.(CIP제어번호:2017027474)